子どもの育ちと脳の発達

佐藤 佳代子
Kayoko Sato

文芸社

はじめに

あなたは、自分のお子さんにどのように育ってほしいと思っていますか？
やさしくて思いやりのある子。
明るくのびのびした子。
人に迷惑をかけない子。
自立心や責任感のある子。
「いい」「わるい」の判断が自分でできる子。
素直で正直な子。
何事にもへこたれない子。

いろいろな思いがありますよね。
そんなあなたに、この本を贈りたいと思います。

私は、保育園に27年間、そのうち16年間は園長として勤務し、これまでに１２００人以上の園児やその保護者の方々とかかわってきました。

保育園で毎日子どもたちと過ごし、登園時や降園時には保護者の方々ともふれ合い、文字通り充実した日々を過ごすことができました。

子どもたち、保護者の方々、そして地域の方々とのかかわりを通して、子どもたちの「自ら育ちたい」というエネルギーの素晴らしさや保育と家族のつながりの大切さ、地域の中の保育の大切さにふれ、皆さんから本当にたくさんの宝物をいただいたと思っております。

退職後は、これまでお世話になった皆さんに今度は、私がお返しをするときだなあという気持ちから、保育・幼児教育者育成の短大や子育て支援の養成講座に携わり、現在は、研修の場でもある「子どもの文化学校」で講師をつとめています。また地域の子育て講座などでも、乳幼児を育てているママやパパに向け、育児や親子関係をテーマに講演を行うようになりました。

地域の子育て講座に講師として参加させていただいて思うことは、核家族化により子育てのモデルを見ないまま親になっていくママやパパがどんどん増えてきていて、皆さんそれぞれ苦労しているなぁということです。〝ママとパパ〟という狭い世界の中で、インターネット、育児書、ママ友からの情報を頼りに懸命に子育てしているママやパパたちには、

「離乳食を食べてくれない」
「夜泣きが続いて、どうしたらいいかわからない」
「卒乳はいつすればいいの？」

などなど、悩みがつきないのですね。

子育て講座では、保育現場を離れてから勉強した脳科学と保育の実践を結んだ「子どもの育ちと脳の発達」のお話を中心にしています。子どもが2歳半くらいになるまでは、親が子どものリズムに合わせて心地よい生活リズムを作っていくことが大切です。この基盤ができれば幸せな一生につながっていくこと、またこの時期は、親子の愛着の絆が形成される大事な時期であるということなどを、これまでの経験をふまえてお話させていただいています。

講座のとき、私の話を聞いてくださるママやパパたちの表情は、真剣そのもの。その真《しん》

摯《し》な瞳に接するたび、「微力な私でも、少しはママやパパたちのお役に立てているのかもしれない」と実感し、約10年、この活動を続けてきました。

本書『子どもの育ちと脳の発達』は、私がこれまで子育て講座でお話してきた中でも特に反響の大きかった話をまとめたものです。

この本には、肩の力を抜いて、楽しい気持ちで子育てができるようなヒントをたくさんのせました。

そのすべては、私自身の実体験、知識によるものです。

この本を読めば、あなたがこれまで抱いていた子育ての悩みがちょっと軽くなり、これまでよりもさらに、子育てを楽しめるようになることでしょう。

キッチンのちょっとしたスペースに置いて育児や家事の合間にパラパラ読んでくださったり、印象に残ったところにマーカーをつけたりなど、気軽に、ご自由に本書を利用していただけたら幸いです。

子どもの育ちと脳の発達●目次

はじめに　3

第1章　ママになるって、どんなこと？……13

〝かしこい〟ママたちが子育てに悩む理由　14
子どもを産んだらすぐママになれるの？　～みんな最初は〝若葉マーク〟～　19
子どもの育ちと脳の働きには大きな関係があった！　25
ヘネシー澄子先生との出会い　イヤイヤ期の2歳児の行動に、なるほど、納得！　27
子どもの育ちと脳の働きの関係を知ると、子育ての緊張がとけてくる　30

第2章　子どもは、生まれながらに〝自ら育つ〟力を持っている……33
赤ちゃんは、親が「育ててあげなくちゃ」という存在なの？　34
赤ちゃんは、自ら「育とう」というエネルギーを持って産まれてくる　38
赤ちゃんが自ら「育とう」とするサイン①～泣く～
「おなかがすいたよ～」「眠くなったよ～」と泣いて教えてくれる　43
赤ちゃんが自ら「育とう」とするサイン②～吸う～
ママの乳首をお口に入れたら即座にちゅっちゅっ　46
赤ちゃんが自ら「育とう」とするサイン③～聞いて、反応する～
おなかにいるときから、ママの声が大好き！　47
赤ちゃんが自ら「育とう」とするサイン④～見る～
ママをじっと見つめるのは「ここにいるよ！」「声をかけて！」の合図　54
①泣く　②吸う　③聞いて、反応する　④見る……
赤ちゃんが表す四つのサインにていねいに付き合おう　61

第3章　子どもの育ちと脳の発達……65
〝生きるための脳〟～脳幹
おっぱい、ねんね、おむつ…生活リズムを整え、いつも機嫌の良い赤ちゃんに　66
0歳代は「Needs」（ニーズ）の時代、1歳代は「Want」（ウォント）の時代　73
人の表情を読み取る鏡脳神経～　生後3カ月でも、ママがニコッとすると赤ちゃんもニコッ　78
〝感じる脳〟～大脳辺縁系　ママやパパから愛されれば愛されるほどグングン育つ　81
〝考える脳〟～大脳
受け取った情報を分析して決断。大人になるまでに三つの段階を経て大きく発達　86
〝脳の司令塔〟～前頭前野　大人を信頼し、共感や同情、がまんする気持ちが育まれる　88
脳が受け取った情報を伝える働きのあるシナプス
2歳から6歳くらいにかけて飛躍的に増え、脳の中が大爆発　91
右脳と左脳をつなぐ脳梁　はいはいで鍛えられ、たっちやあんよの上達の鍵となる　97
発達するべき期間にそのタイミングを逃すと、あとから取り戻すのは大変！　103
衝撃！　愛情を受けずに育った子の脳は小さく、しわも少ない　106

子どもの育ちに親はどうかかわっていくのか
助ける、支える、見守る、働きかける～援助の四つの方法とは～ 109
2歳代はあまのじゃくの時代　イヤイヤ期の2歳の子どもにどう向き合うか
子どもの思いを認めるということ 118

第4章　愛着行動こそ、自立に向かう第一歩……125

愛着行動ってなんだろう？
子どもが「ママ（大切な人）のそばにもっといたい」気持ちを表す行動 126
赤ちゃん時代の愛着行動　あやしたり、「いないいないばぁ～」をすると喜ぶ 129
泣かない、手がかからない赤ちゃんには、ママやパパが意識してかかわってあげて 135
1歳前後子どもの愛着行動～親の反応を見る 136
1歳代後半の子どもの愛着行動　～大好きな人のおひざを独占しようとする 139
愛着行動は、愛着―依存―反抗―自立の芽生えの道筋をたどる 143
乳幼児期に結べなかった愛着の絆は、子どもが成長してからでも結び直せます 148
大好きな人との愛着関係をベースに、子どもの自立への旅立ちが始まる

愛着の絆こそ、命の源　151

第5章　「遊び」が子どもを育てるって、ホント？……………………153

乳幼児期の子どもはすべて、遊び＝体験学習しながら育っていく

0歳時代は「依存の時代」、1歳時代は「いたずらの時代」　154

自分に自信を持ち、どんどん成長する2歳、3歳

2歳時代は「まねっこの時代」、3歳時代は「仲間の時代」　162

感性と知性は車の両輪です　たくさん遊んで育まれた豊かな感性は、豊かな知性をも育む　169

パパはどのように子どもとかかわればいいの？　生まれたばかりの赤ちゃんは機嫌がいいときに

パパにお世話をお願いしよう　176

あとがき　183

第1章　ママになるって、どんなこと?

〝かしこい〟ママたちが子育てに悩む理由

今、この本を手にとって読んでくれているあなた。

お子さんは、何歳になりますか?

一日中ねんねの時代から、寝返り、おすわり、はいはい……と、めざましい発達をとげる0歳さん。

よちよち歩きがなんともかわいらしい1歳さん。

あちこち走り回って元気いっぱいの2歳さん。

日々成長していくわが子を見つめながら、ママやパパは一生懸命育児をがんばっていることと思います。

日々の育児は、楽しいですか?

目をみはるような子どもの成長に元気づけられ、毎日たくさんの「うれしい!」や「楽しい!」を味わっていることでしょう。でもその反面、とくに初めての育児に奮闘中のママは、慣れないことの連続で悩んだり、不安に思ったりすることもたくさんあることと思います。

新生児期は「どうして泣き止まないのだろう？」

離乳食の時期になると「どうして食べてくれないの？」

よちよち歩きのころになると、「家中の引き出しを開けたりして、いたずらばかり。どうしてこんなことするの？」

言葉がしゃべれるようになると「何をいっても一日中『いやだ！いやだ！』ばかり。どうしてママを困らせるの？」……など、はじめてのママは悩みがつきませんよね。

でも、ママたちは、どうして悩んでしまうのでしょうか。

その理由について、思い当たることがあります。

私は地域の子育て支援事業のひとつとして「子育てひろば」などで開催される、パパママ向けの育児講座に講師として招かれ、育児に奮闘中のママやパパたちと接する機会が多いのですが、そこで、つくづく思うことがあります。それは、ひと言でいうと、私が現役の保育士として保育現場で働いていたときと比べると「〝かしこい〟ママが増えてきたなぁ」ということです。いわゆる高学歴の女性が多くなり、学校で一生懸命勉強し、社会に出て会社勤めなどの仕事を何年か経験してからママになる……という方がとても多いですね。

また、第一子を出産するママたちの年齢は、昔は20代の前半の方が大半でしたが、今では30代が主流になってきました。私が講師として招かれるパパママ向けの育児講座では、毎回、参加してくれた方々に講座の感想などについてのアンケートをお願いしています。その回答用紙に書かれた参加者の年齢の欄を見ると、一目瞭然で30代のママが7割くらいを占めています。

会社というのはどうしても、短時間で効率よく利益を得ることに重きをおく組織ですよね。ですから、ある程度の年齢まで、このような会社の環境の中で働いてきた今のママたちというのは、当然「もっと効率よく仕事をするには、どうしたらよいか」「会社の利益をもっと得るには、仕事をどのように工夫したらよいのか」など、常に成果をあげる、よい結果を求めるという日々を過ごしてきたことと思います。

さらにまた、どの会社にも規則やマニュアルがあり、それらに沿って日々の業務をこなしていけば、ある程度の評価を得ることができたと思いますし、業種によっての違いはありますが、仕事というのは自分ががんばった分だけ自分への評価として結果が明確に出ることが多いもの。そんな中で、自分の仕事にやりがいを持ち、日々の業務に一生懸命取り組んできたママも多いと思います。

生活スタイルについても同じですよね。ウイークデーは一生懸命働いて、休日は自分の趣味の時間を過ごしたり、夫婦で旅行に出かけたり……。文字通り、公私ともに大人の自分たちのリズムで充実した日々を送ってこられたのではないでしょうか。

ところが、このようなキャリアウーマン時代を過ごしてきたママが初めて体験する育児というのは、どうでしょう。

生まれたばかりの０歳の赤ちゃん。

まだうまくお話ができない１歳の子。

イヤイヤ期まっさかりの２歳の子。

子どもというのは、当たり前のことですが、見た目はもちろん一人ひとりが皆、異なった気質や個性を持って生まれてくる存在です。そして、２章でくわしくお話しますが、子どもは〝親が育ててあげる存在〟なのではなく、一人ひとりが自ら「育とう」という力を持って生まれてきた力強い存在なのです。その自ら「育とう」という力を、子どもはさまざまなサインで大人に知らせてきます。子どもはみんな一人ひとり違いますから、「育とう」というサインも一人ひとり違ってくるものです。

そうです。子育ての方法というのは、子どもの数だけ存在するのです。わが子について、もし、なにかの悩みにぶつかったときに、「育児書に書いてあったから」「インターネットで紹介されていたから」「ママ友に聞いたから」……と、その通りの対応をしても、それがわが子にあてはまる場合もあるし、まったくあてはまらない場合もあるのです。明確な答えがほしいのに簡単には見つからず、多種多様なのです。

〝かしこい〟お母さんにとって、これまで学校のテストや仕事の能率をあげる方法は探せば答えはどこかにありましたし、自分自身ががんばればそれ相応の成果をあげることができましたよね。ところが、わが子の成長の変化がすぐに表れるとは限らないのが育児なのです。

また、これまで自分を軸に過ごしてきた生活スタイルが、出産を機に子どもを軸とした生活スタイルにがらりと変わります。とくに生まれたばかりの赤ちゃんは、すやすや寝て、泣いて、ごくごく飲んで……の繰り返し。だけど赤ちゃんからは何の返答もなし。文字通り、赤ちゃん中心の無言に近い生活が続きます。

多くのママは、初めて子どもを持ったことで、自分がこれまで生きてきた生活スタイルや状況の変化へのあまりのギャップにとまどい、こう思ってしまうのではないでしょうか。

「わが子はとてもかわいい。でも、子育てがこんなに戸惑うものだとは思わなかった」って……。

子どもを産んだらすぐママになれるの？
～みんな最初は〝若葉マーク〟～

ここで、最近のママやパパたちが育児とどのように向き合っているのか、育児のどんなことで悩んでいるのかについてお話しましょう。以前、厚生労働省が「次世代育成プラン」というものを作成する際、全国各地の子育て中のママたちの実態調査を行い、その結果をまとめた資料を目にする機会がありました。その中で印象的だった回答をいくつか紹介しておきましょう。

一つめは、「ママになる前に、乳幼児のお世話をしたことがありますか？」という質問に対する回答です。

一九八一年に行った調査では、ママになる前に乳幼児のお世話をしたことが「よくあった」「少しあった」を足すと58パーセント。約60パーセントのママたちが、自分自身がママになる前に、どこかで赤ちゃんにふれた経験を持ったうえでママになっているということがわかりました。同じ調査を二〇〇〇年に行い、その回答はどうだったかというと、ママになる前に乳幼児のお世話をしたことが「よくあった」「少しあった」を足すと、なんと36パーセントだったのです。ということは、「3人のうち1人しか自分がママになる前に赤ちゃんにふれていない」ということなんです。いいかえると、3人のママのうち2人は、自分のおなかの中から生まれてきてくれた子が、〝自分の人生の中で初めてふれる赤ちゃん〟というのが現実なのです。

最近は、全国の自治体が主体となって妊娠期間中に開催する両親学級などで、「本物の赤ちゃんにふれてみよう」という催しも行われていますが、それでも、ママになる前に乳幼児のお世話の経験がある女性の割合は、以前と比べてかなり低くなっていることがわかります。乳幼児期の子どもの発達をはじめとする育児についての情報は、インターネットや育児書などからいくらでも入手できますが、実際に赤ちゃんにふれてみないことには、どのようにかかわったらよいかというのは、なかなか理解しにくいものですよね。「赤ちゃんとふれ合う」という〝生の体験〟がほとんどないままママになる女性が多いというのも、先ほどお話したような、ママの育児不安につながっているのではないかなぁと思います。

二つめは、「子育てについてどのような不安や悩みを持っていますか」という質問に対する回答です。

一番多かったのは「子育てで手がいっぱいになって、仕事や自分のことがじゅうぶんにできない」ということ。

二番目に多かったのは「子どもの接し方に自信が持てない」ということ。

三番目に多かったのは「子育てについてまわりの目が気になる」というものでした。先ほどもお話したように、これまでの自分を軸として過ごしてきた生活スタイルが、妊娠、出産によって大きく変わって子どもが中心になり、その変化にとまどうママたちの気持ちがアンケート結果にそのまま表れていますよね。

出産前に乳幼児のお世話の経験があまりない状態でいきなりママになるのですから、「子どもの接し方に自信が持てない」「まわりの目が気になる」という不安いっぱいのママの気持ちにもとても共感できます。

では、このように、育児に不安や悩みを抱えている一年生ママは、その解決法としてどのような情報を参考にしているのでしょうか。

地域のパパママ向けの育児講座で講師としてお話をさせていただくとき、参加してくださった方にアンケートを書いてもらっているということをお話ししましたが、その際「子育てで心配なことや困ったことがあったら、どうしますか」という質問を必ず入れています。その回答を見ると、ママたちが子育てで心配なことや困ったことがあったときに参考にしているのは、第一位が「インターネット」、第二位が「育児書」、第三位が「ママ友」、第4位が「自分の親」の順で、割合でいうと一位の「インターネット」と二位の「育児書」が圧倒的に多いですね。

ここで、先ほどのお話につながるのです。確かにインターネットや育児書には、「0歳代の赤ちゃんは◯◯、1歳代の前半は◯◯だけど後半には◯◯になる」……など、乳幼児期の子どもの体と心の発達の特徴についての情報や、それぞれの月齢や年齢ごとにかかりやすい病気や予防接種のことなど、さまざまな角度からわかりやすく紹介されています。確かに参考にできる部分は多いと思います。しかし、インターネットや育児書で紹介されている子どもの育ちや発達などの情報は、あくまでも〝最大公約数〟的な情報であり、「書かれていることすべてがわが子にあてはまる」ということでは決してないのです。

「育児書には『生後4カ月くらいから寝返りを始める』と書いてあるけど、うちの子はそんな気配が全然ない」

「『6カ月くらいから離乳食を始めたほうがいい』といわれているけど、8カ月になるのにおっぱいばかりで離乳食が全然進まない」

「『2歳くらいになるとまわりのお友達と少しずつかかわるようになる』と書いてあるけど、うちの子は公園や子育てひろばでもひとり遊びばかり。発達が遅れているのかしら」

などと、不安の声が多く寄せられます。

インターネットや育児書に書かれている情報とわが子の今の姿とのギャップに、ママたちは悩んでしまうのです。

そして、「私の子育ての仕方が悪かったから、こうなってしまったのではないのかしら……」

と不安になり、自分を責めてしまうのです。

そんなママやパパたちに、私はいつもこうお話しています。

「昔から、ママってだれもが、はじめは〝若葉マーク〟なんですよ」って。

「ママになったのだから、何でもできて当たり前」なんて、思わなくていいのです。

赤ちゃんが少しずつ成長していくように、ママ、パパも少しずつママ、パパになっていき、赤ちゃんといっしょに育っていけばよいのです。

どのママもみんな、わが子をいちばんかわいいと思っています。そして、「思いやりにあふれるいい子に育ってほしい」と願っています。だからどうしても、いろんな理想を描いて自分で自分にプレッシャーをかけてしまうのです。理想を持つことは決して悪いことではないけれど、理想にしばられ過ぎては苦しくなるだけですよね。

まずは、子どもが「今、できること」に目を向けて、ていねいにかかわってあげてほしいなぁと思います。肩の力を抜いて赤ちゃんといっしょに一歩ずつ歩み、ともに育ち合っていけばいいのです。

本書では、わが子とどうかかわっていけばいいのか、子どもといっしょに育ち合うってどんなことなのかについてのヒントを、あちらこちらにちりばめていきます。じっくり目を通して、ぜひ参考にしてみてくださいね。

子どもの育ちと脳の働きには大きな関係があった！

「かつては自分も子どもだったはずなのに、わが子の気持ちや行動が理解できない」「どうして子どもって、こんなことをするのだろう」というママやパパにぜひ知っていただきたいのが、本書のタイトルにもある「子どもの育ちと脳の発達」です。

脳科学。

最近、テレビや新聞などでよく聞く言葉だと思いませんか？

日本では、脳科学というと川島隆太先生や茂木健一郎先生が「脳科学の権威」としてよく知られ、あちらこちらのテレビ番組などで、脳の働きなどについて解説したり、脳科学に関する著書を発表されたりしていることをご存知の方も多いと思います。

この脳科学、どうしてこんなに、にわかに取り沙汰されるようになったかというと、実は世界的に進み始めている高齢化社会と大きく関係しているのです。

現代社会は、医学の進歩などにより人類史上初めての高齢化社会に直面しています。それにともない、認知症を患う高齢者の方も増えてきました。この認知症ですが、ひと昔前は「何かショックなことがあったせいで発症したのではないか」「これまでの生活の仕方が良くなかったからなのではないか」など、患者さんの生き方や経験、食生活などさまざまな生活体験の積み重ねが原因となって発症する、と一般的に考えられてきたのです。ところが、専門的な研究が進むにつれて、認知症は「脳の細胞の一部が死んでしまったり、働きが悪くなってきたために起こる」、つまり、脳の働きと大きな関係があるということが判明したのです。

その流れを受け、一九九〇年くらいから世界的に「脳のどの部分がどのようにこわれていくか」ということについて、脳科学による解明が早急に始まりました。そしてわかったのが、「認知症というのは、脳の前頭前野《ぜんとうぜんや》という場所（p.83、88~90参照）がこわれていく状態なのだ」ということです。

認知症の解明のために始まった脳の研究はその後も日進月歩の勢いで進み、そのお蔭で今は、「赤ちゃんはおなかの中にいるときから脳が働き出し、子どもの育ちと脳の働きには大きな相互関係がある」ということまでもわかってきたのです。

ヘネシー澄子先生との出会い
イヤイヤ期の2歳児の行動に、なるほど、納得！

そんなときに出会ったのが、社会福祉学博士であり臨床ソーシャルワーカーでもあるヘネシー澄子先生でした。今から10年くらい前、日本において、児童虐待が社会問題として取り上げられ始めたころです。先生はもともと日本人なのですが、アメリカに渡ってアメリカ人と結婚されたのです。母子関係について研究し、欧米の研究者たちがこぞって解明していた脳科学についても学び、日本とアメリカを行き来しながら母子関係についての研修や講座を開催されていました。

私は保育に携わるプロとして、児童虐待の現状や親子関係のことについてもっと深く学んでおきたいという気持ちから、ヘネシー澄子先生の講座に参加させていただく機会ができました。その講座で、ヘネシー澄子先生が必ず最初にお話するのが、これから皆さんにお話する「脳の仕組みとその働き」についてだったのです。

ヘネシー澄子先生は、「脳というのは、子どもがママのおなかに新しい命として宿り、妊娠6カ月くらいの胎児の時代から働き始める」と話されました。そして、子どもが生きていくために必要な機能を獲得できるように発達していく仕組みについてもくわしく話されました。

脳は、その人が生きていくために働く。

人間は、脳で生きている。

体を動かすのも脳。恋をするのも脳。

脳の構造とその働きを知ったとき、私は〝子どもの育ち〟と〝脳の発達〟の結びつきに、目の前が明るくなるような感動を味わいました。

たとえばどんなことかというと、0歳時代にはいはいが上手な子や、たくさんはいはいをしてきた子というのは、1歳になってからのあんよが上手ですし、転び方も上手だなぁと体験学的に実感してきました。実は、はいはいというのは、本書の3章でもくわしく説明しますが、右手・左足、左手・右足、と交互に動かして前に進む全身運動です。いい換えると、歩行の基礎をつくるとともに、大脳の右半球（右脳）と左半球（左脳）を連結している「脳梁《のうりょう》」（p.97〜100参照）という神経の束を発達させ強めていき、両方の脳をいっしょに統合して使えるようにしてくれる大事な運動が〝はいはい〟だったのです。だから、０歳時代にたっぷりとはいはいすることによって脳梁が強くなる。脳梁が強くなるということは、右脳と左脳の情報交換が素早くできて全身のバランス感覚が良くなるということだから、あんよも転び方も上手になる、というわけなのです。

さらに、２歳のイヤイヤ期。２歳児を育てているママ、育てたことがあるママなら、２歳児特有の自己中心的な言葉や行動に、一度は悩んだことがあると思います。「１歳のときのほわんとした可愛さはどこへいっちゃったの？」というくらい、ことごとく、親の思いとは反対のことを主張してくる時代ですよね。

「もうお片付けして、お部屋に入ろうね」「いや！　遊んでる！」

「ご飯の時間よ。いっしょにおいしいご飯食べよう」「いや！　まだ遊ぶ！」

などなど、一事が万事、この調子。スーパーに買い物にいくとひっくり返って、「チョコレート買う〜」などと言って泣き叫んでいるのは、だいたい２歳児ですよね。

あの〝イヤだイヤだの２歳児〟の〝イヤだイヤだ行動〟は、なぜ起こるのでしょうか。

こちらについても３章でくわしく説明しますが、２歳から６歳というのは、大脳の脳神経回路（シナプス）が爆発的に増加していく時期なのです。脳内の神経回路がすごい勢いで増加するということは、自分のまわりのさまざまなことに敏感に反応し、脳の中の緊張が高まっていく時期。2歳というのはその入り口に立っている時期だから、子どもはあらゆる刺激に反応し、コントロールができずに情緒不安定になり、その状態が「イヤイヤ」として表れてくるのです。イヤイヤ期の子どもの言動は、子ども自身に原因があるというより、この時期特有の脳の発達からきているものだったことに大きな気づきを得ました。

子どもの育ちと脳の働きの関係を知ると、子育ての緊張がとけてくる

これを知り、気づき、私自身、「なんだ！　そうだったんだ！」って、ほんとうに目からウロコだったのです。これまで、2歳児のイヤイヤ期については発達心理学の側面からは自分なりに勉強し理解してきていましたが、そこに脳科学が加わってさらに、子どもの育ちについて抱いていた疑問や不思議が解明されたのです。

まず、赤ちゃんの脳（大人の脳も同じ）は、親や保育者との愛着関係を土台に多くの刺激を受けながら発達していきます。とくに1歳半くらいまでのママやパパや特定的な養育者（おばあちゃん・保育者など）との密接な相互関係が大切で、人と人との絆を結ぶ基盤となっていきます。このことは、体温調節や睡眠リズムなどをつかさどる脳幹《のうかん》（p.67、68参照）の機能が順調に発達し、そして3歳くらいまでに大人になってからの対人関係をつくる能力の基礎が築かれるということなのです。

さらに、脳の中でも自己存在感・自己肯定感の確立に重要といわれ、〝感じる脳〟とも言う「大脳辺縁系《だいのうへんえんけい》」（p.67、81参照）は、0歳から6歳までの間にいちばん育つということ。

0歳から6歳という乳幼児期は脳がいちばん発達する時期だからこそ、ママやパパをはじめとするまわりの大人たちから「あなたはとても大切な人なの！」とたっぷり愛され、親子の愛着がしっかり結ばれることがとても必要で、重要なことなのです。

子どもの育ちと脳の働きの関係を知るうえで非常に大切なこれらについては、のちほどくわしくお話していきますが、今まで「どうして？」と思ってきた子どもの言動が、「子どもの育ちと脳の発達には深い関係がある」と知ることで、「あ、そうか」と納得できることがたくさんあるはずです。そして、「じゃあ、うちの子にはこうかかわればいいのかな」と、これまで気づかなかった子どもとのなめらかな、そして子どもにとっても心地よい、上手なかかわり方が見つかることと思います。そして、原因がわからずに不安だった子育てが、少し、肩の力が抜けてラクに感じるのではないでしょうか。

子どもの育ちと脳の発達の関係とともに知っていただきたいのは、先ほども少しお話した、「子どもは生まれながらに自ら『育とう』という力を持っている」ということです。親が子どものこの力を理解し受け入れることによって、これまでとはひと味違うわが子とのかかわりができるようになることと思います。

さあ、次の2章で、「子どもは生まれながらに〝自ら育つ〟力を持っている」ということ、3章で、「子どもの育ちと脳の発達」についてくわしくお話していきます。赤ちゃんや幼児期の子どもの〝なぜ？〟〝どうして？〟を、いっしょに学んでいきましょう。

第2章

子どもは、生まれながらに〝自ら育つ〟力を持っている

赤ちゃんは、親が「育ててあげなくちゃ」という存在なの？

世界でいちばん大切なあなたのお子さん。今、あなたのそばで、何をしていますか？

お気に入りのおもちゃで遊んでいますか？

それとも、すやすや、ねんねしていますか？

お子さんが、産まれたときのことを思い出してみてください。「おぎゃぁ」という産声を聞いて、わが子が腕の中にやって来てくれた瞬間のことを。小さくて温かいわが子の姿を目にして、「あぁ、よかった。産まれてきてくれてありがとう」という気持ちでいっぱいになったことと思います。そして、まだ自分の意志で手足を動かしたり顔の表情を変えることができないながらも、おっぱいを懸命に飲もうとしてくるわが子を見つめながら、多くのママがこう思ったことでしょう。

「この子はまだ何もできないから、私が一生懸命育ててあげなくちゃ」って……。

ここで、みなさんにおたずねしたいと思います。

赤ちゃんは、本当に〝何もできない存在〟なのでしょうか？

親が「育ててあげなくちゃ」という存在なのでしょうか？

答えは、ノーです。

「赤ちゃんは何もできない存在」だなんて、とんでもない。赤ちゃんはみんな、産まれたときから、もっとさかのぼるとママのおなかで新しい命が宿ったその日から、だれのお手伝いを受けることもなく、自ら「育とう」というとてつもなく大きなエネルギーを持っているのです。

なぜ、そういえるのでしょうか？

新しい命の始まりをさかのぼると、卵子と精子が出会ってできる受精卵ということになりますよね。まずは、赤ちゃんがどのような道のりをたどってこの世に産まれてきてくれるのか、受精卵の状態からどのように成長しながら赤ちゃんの姿になっていくのかをお話しましょう。

受精卵になるためのとても大切な要素のひとつである卵子の大きさは、どのくらいかご存知ですか？　想像もつかないですよね。卵子の大きさは、０・５ミリくらいなのです。

女性の体には左右一つずつ卵巣がありますが、この０・５ミリの大きさの卵子、今月は片方の卵巣から一つ、来月はもう片方の卵巣から一つ……と、左右の卵巣から一つずつ交互に出てくるのだそうです。

今から15年くらい前、生命の誕生をテーマとしたＮＨＫのドキュメンタリー番組で、高感度カメラが女性の体の中に入り、卵巣からポンッと排出された卵子の映像を目にしたことがありました。「世界で初めて」というその映像はまさに、生命の神秘そのものでした。そして、「卵子は片方の卵巣から一つ出て、次の月になるともう片方の卵巣から一つ出る」という事実に、「こんなセンサーを持っているなんて、なんて素晴らしいのだろう。女性の体はまるで精密機械のよう」としみじみ思ったものです。

ところで、女性の卵巣から出てくる卵子というのは、一生を通してどれくらいの数になると思いますか？　卵子は月に1個ずつ出るということは、1年で12個出るということになりますよね。初潮から閉経までの平均年数を考えると、女性が一生のうちに卵巣から出す卵子は、４００個から５００個くらいになるのです。

では、その卵子に出会うために作られる、もうひとつの大切な細胞である精子の数は、どれくらいかご存知ですか？

男性の体から1回の射精によって放出される精子の数は、何と、約3億ですって。なんでそんなにたくさんの数が必要なのかというと、女性の体の奥の方で、精子との出会いを待っている卵子は、〝人類〟という命のバトンタッチが万全にできるよう、子宮の入り口をはじめとするたくさんの場所での粘液のガードで、しっかりと守られているのです。

3億もの精子は、その粘液のガードをつきやぶっていきながらなんとか卵子までたどりつこうとしますが、当然のことながら、力のない精子は途中で力つきて脱落していきます。そんな中を、力強く丈夫な精子たちが、仲間が作ってくれた道のりを通過して卵管にたどりつきます。

このシーンも映像で見ましたが、息を呑むような迫力でした。

力強く丈夫な精子たちが、卵子の近くまでたどりつくころには、大体１００個くらいの数にまで減っていくそうです。そして、その１００個くらいの精子の中でもいちばん強くて丈夫な一つの精子が卵子に到達すると、卵子からカルシウムイオンが瞬時に出るのです。このカルシウムイオンによって卵子の表面が固くなり、他の精子が入ることができない状態になって受精が起き、０・５ミリの大きさの受精卵になるのです。

本当にすごいものですよね、生命の誕生って。私自身、これらの映像を最初から最後まで見ながら、鳥肌が立つくらい感動しました。そして実感したのです。私は3億分の1の確率で、この世に生を享《う》けたのだと。

赤ちゃんは、自ら「育とう」というエネルギーを持って産まれてくる

3億分の1の確率で出会ってできた受精卵は、自らの力で細胞分裂を繰り返し、5週目くらいには8ミリくらいの大きさになって、手と足にあたる部分に水かきのような膜ができるそうです。ところで、私たち地球上の生き物は、今から36億年くらい前にさかのぼり、海の底に存在したあるひとつの生命体が最初の命なのだそうです。その地球最初の生命体が進化し、住む場所として海を選んだ生物が、魚類ということですね。その中からさらに進化して、海と陸を行ったり来たりする生物の時代がありました。これが、イモリやカエルなどの両生類時代です。さらにその中から進化して、住む場所として陸を選んだのが、哺乳類や鳥類などということになります。

つまり、私たち哺乳類が進化してきた歴史の中には、両生類時代があったということなんです。３億分の１の確率で出会ってできた受精卵が、５週目くらいで８ミリくらいの大きさになったときにできる水かき状の膜は、生物が海と陸を行ったり来たりしていたこの両生類時代のなごりなのだとか。

この水かき状の膜はやがて溶けて指となり、さらに自らの力で細胞分裂を繰り返しながら、妊娠８週目くらいには、約３センチの人間の姿になっているそうです。

３センチ。

指でその大きさを確認してみてください。そして想像してみてください。自らの力で細胞分裂を繰り返してきた受精卵が、本当に小さな人間の姿になって、ママのおなかに宿っている光景を。

約３センチの大きさになったおなかの赤ちゃんは、自らの力でさらに細胞分裂して、20週から36週くらいのときに脳ができるそうです。そして、胃や小腸、大腸、肝臓などの臓器もできると言われています。

二〇〇七年の朝日新聞の「天声人語」で、２６５グラムで産まれてきた赤ちゃんが、医師と看護師による手厚い看護が実り、身長約50センチ、体重約３キロという通常の赤ちゃんの大きさにまで成長することができ、それまでずっと入院していた病院を退院した……という記事を読みました。

265グラムってどのくらいかといったら、バナナ1本と同じくらいなんです。片手に乗ってしまうくらいの大きさで産まれてきた赤ちゃんが無事に育ったのは世界で2例目ということで、「どのように育てたのだろう」「どのように命をつなぎ止めることができたのだろう」と思いつつ、日本の医学はすごいなぁと感動しました。そして、産まれたときの赤ちゃんの週数は23週だったとのこと。20週を過ぎ、ママのおなかの中で脳や臓器ができていたから育った……ということなのですね。

逆にいうと、赤ちゃんがなんらかの事情で、早産という形でママのおなかの中から早く出てきてしまったとしても、脳や臓器が形成されていなければ、自ら育たないということなのです。外見は人間の姿をしていても、人として育たないということなのです。

3億分の1の確率でめぐり会い、最初は0・5ミリくらいの大きさだった受精卵は、ママのおなかの中で自らの力で細胞分裂を繰り返して人間の姿となり、脳や臓器がつくられながらぐんぐん成長していきます。そして、約十月十日《とつきとおか》、すなわち38週かけて、身長約50

センチ、体重約3キロの「赤ちゃん」の姿となって、産まれてきてくれるのです。

ここでもう一度、考えてみてください。ママのおなかの中で、0・5ミリの受精卵から約十月十日で身長約50センチ、体重約3キロの赤ちゃんの姿になるまでの道のりのことを。0・5ミリの受精卵の大きさを、仮に野球のボールとして考えると、産まれてくる赤ちゃんの、身長約50センチ、体重約3キロというのはどのくらいの大きさに成長したことになると思いますか？　何と、ひとつの野球のボールが東京ドームの大きさになるくらいだそうです。驚きです。すごいエネルギーですよね。ママのおなかで十月十日を過ごしながら、野球のボールから東京ドームにまで育つのです。誰のお世話も受けずに、自らの力で！

こんなにすごいパワーを持った赤ちゃんが、産まれてきてくれたそのとき、何もできないはずがありませんよね。そう、赤ちゃんは、自ら「育とう」というエネルギーをたくさん抱えてこの世にやってくるのです。

自ら「育とう」と産まれてきた赤ちゃんは、当たり前ですが、一人ひとり違います。生まれながらにおとなしいタイプの子もいれば活発な子もいますし、すぐに泣いて訴えてくる子もいれば、「飲んだら寝る」を繰り返してくれる静かな子もいます。一人ひとりが自分の「育とう」というエネルギーを、自分なりの方法でたくさんサインを出しながら、「もっと育とう」としているのです。

実はね、子どもは、「私が育ててあげなくちゃ」という存在ではないのです。赤ちゃんは自ら「育とうとする力」を持って産まれてきます。まだ自分で食べたり動いたり、しゃべったりできない未熟な赤ちゃんは、育つために必要な欲求をサインで懸命に私たちに知らせてきます。その赤ちゃんの自ら「育とうとする力」のサインにていねいにかかわり、どうやって手を添えてお手伝いをしていくか……ということが、何よりも大切なのです。そしてそれが、本当の意味での子育てなのです。

初めての育児で「この子はまだ何もできないから、私が育ててあげなくちゃ」と肩に力が入ってしまうと、知らず知らずのうちに、自分が描いた〝理想的な子ども像〟の中にわが子を一生懸命はめ込もうとしてしまいがちになってしまいます。そしてその結果、楽しく、喜びがいっぱいであるはずの育児が、苦痛でしんどいものに変わってしまうこともあるのです。

わが子をじっくりと見つめ、「子ども自身がどう育とうとしているのか」を感じとり、その子の個性に真っ正面から向き合いながら子育てをしていくことで、子どもはのびのび育っていくものです。

ところで、産まれたばかりの赤ちゃんが懸命に送ってくるサインはどのような方法で表すのか、ご存知でしょうか？　赤ちゃんが表す自ら「育とうとする力」のサインは、生まれながらに持っていて、四つあります。一つひとつ、ひもといていきましょう。

赤ちゃんが自ら「育とう」とするサイン①～泣く～
「おなかがすいたよ～」「眠くなったよ～」と泣いて教えてくれる

赤ちゃんが自ら「育とう」とするサインの一つめは何だと思いますか？

ママやパパなら、すぐに思いつくことでしょう。

「おなかがすいたよ～」

「眠くなったよ～」

「おしりが汚れて気持ちわるいよ～」

こんなとき、赤ちゃんはどうしますか？

そうです。「泣く」のです。産まれたばかりの赤ちゃんで、「おなかがすいたら泣いて教えてね」「おしりが気持ちわるくなったら泣いて教えてね」などと親に教えられて泣いている子は、当たり前ですが、一人もいないですよね。赤ちゃんは、自分が生きるために、自ら育っていくためにまず必要な、飲む—排泄—睡眠を、〝泣いて〟ママやまわりの大人の人たちに教えてくれるのです。

もしも、赤ちゃんが泣かなかったら？

「赤ちゃんが泣かなかったら楽になるわ」と思うママは、きっといないと思います。おなかがすいてもおむつが汚れてもずっと泣かない赤ちゃんだったら、ママはいつおっぱいをあげたり、おむつを取り替えていいかわからなくなってしまいますよね。それに、おなかがすいたり不快感があるのに泣かなかったら、逆に不安になりますよね。育児が初めての新米ママでも、赤ちゃんの異変や状態がちゃんと察知できるよう、「泣く」というサインを出して教えてくれるのです。そう、ママは、赤ちゃんの泣き声で育児を助けてもらっているのですね。

「赤ちゃんは泣くことによって、自ら育とうとするサインを出している」とわかれば、泣かれても、途方に暮れることはなくなると思いませんか？

余談になりますが、たとえば満員電車の中などで、赤ちゃんの泣き声が聞こえてきたとき、あなたはどんな気持ちを抱きますか？

「あら、どうしたんだろう、暑いのかしら。まだ泣き止まない。ママはどうしているのだろう」とか、「早く泣き止むといいな」とか思いながら、胸の辺りがざわざわとしてきませんか？

この胸の辺りのざわざわは、実は精神的に成熟している大人から出る愛情ホルモンなんだそうです。

「赤ちゃんが泣いている」

「どうしたんだろう」

「泣き止ませてあげたいな」

泣き声だけで、私たち大人をこんな気持ちにさせてくれる赤ちゃんって、本当に尊い存在だなぁと思います。

赤ちゃんが自ら「育とう」とするサイン②〜吸う〜
ママの乳首をお口に入れたら即座にちゅっちゅっ

赤ちゃんが自ら「育とう」とするサインの二つめ。これは、「吸う」ということです。

産まれてすぐの赤ちゃんに、おっぱいをあげようと乳首をお口の近くに持っていくと、赤ちゃんは一生懸命に乳首を探し当ててちゅっちゅっと吸いますよね。「泣く」と同じように、「ママが乳首をお口の中に入れたらちゅっちゅっと吸って、おっぱいを飲むのよ」と教えられた子も、ひとりもいないですよね。

赤ちゃんは、ママのおっぱいやミルクがお口の近くに来たら、「吸う」ことによっておなかを満たし、自ら「育とう」としているのです。

実は、この「吸う」という行動、妊娠6カ月くらいのママのおなかにいる赤ちゃん時代から、自分の親指を吸い、自らの力で「吸う」学習をしていることが明らかになっています。

赤ちゃんの「吸う」行動には、おっぱいやミルクという栄養を取り込み、生命を維持していくという最大の意義があるのです。「吸う」ことが、赤ちゃん自らが「育とう」というサインそのものなのです。

赤ちゃんが自ら「育とう」とするサイン③～聞いて、反応する～
おなかにいるときから、ママの声が大好き！

赤ちゃんが自ら「育とう」とするサインの三つめ。これは、「聞いて、反応する」ことです。先ほど、赤ちゃんはママのおなかの中にいる妊娠6カ月くらいから自分の指を使って吸う練習をしていますとお話ししましたが、同じくらいの時期に「聞く」力も育ち始めます。脳科学の研究によると、脳の中心部に位置している聞く力をつかさどる働きのある第一次聴覚野（p.83参照）は、妊娠6カ月の胎児の時代から働き出しているということが明らかになっています。

ここで、「聞いて、反応する」ことに関連する印象的なエピソードを紹介しましょう。

脳科学を学んだヘネシー澄子先生がおっしゃるには、

「ママのおなかの中にいる赤ちゃんは、ママが妊娠6カ月くらいの時期からまわりの音が聞こえてきます。妊娠6カ月くらいになったら、好きな絵本を2〜3冊選んで、毎日おなかの中の赤ちゃんに読み聞かせしてあげてみてください。その後、赤ちゃんが生まれて1〜2カ月くらいの頃機嫌が悪くなったときに、おなかの中の赤ちゃんに読んであげた絵本を読むと、不思議なくらい機嫌がなおりますよ」

とのことでした。

私には40代の娘と30代の息子がいるのですが、このお話を聞いたとき、ちょうど息子のお嫁さんのおなかに赤ちゃんがいたのです。息子夫婦は福島県に住んでいるのですが、これはぜひ息子夫婦に実験してもらいたいと思い、松谷みよ子さんの『いない いない ばあ』と『おふろで ちゃぷ ちゃぷ』の絵本を持って福島にとんでいきました。そして「おなかの赤ちゃんに毎日読んであげてみて」と、頼みました。

息子は子どもが好きでしたから、「いいよ、お母さん」と、協力を快諾してくれました。そして、赤ちゃんが産まれてくるまで毎晩のように、お嫁さんと二人でその絵本を読んであげたそうです。

その後、無事に女の子が生まれ、少し落ち着いてから息子に会ったとき、

「絵本の件はどうだった？」

と聞いてみたら、息子は、

「お母さんが言っていたこと、たぶん本当だと思うよ」

と感心した声で答えてくれたのでした。孫は、『いない　いない　ばあ』の絵本がお気に入りなんだそうです。生後１、２カ月のころ、ちょっとぐずっているな〜と思ったときにこの絵本を読んであげると、「う〜ん」と反応して聞く様子になったと報告してくれました。

すごいですよね。まさに、「聞いて、反応する」ですよね。これを聞いたとき、やはり感動しましたね。その後もすくすく成長した孫は、『いない　いない　ばあ』の絵本だけでなく、身ぶり手ぶりをまじえて遊ぶ〝いない　いない　ばあ〟も大好き。息子の家に遊びに行くと、私の顔を見てニコニコしながら〝いない　いない　ばあ〟をする仕草のなんてかわいいこと。おなかの中から聞いてきた絵本『いない　いない　ばあ』の心地よい言葉の響きと遊びが脳でつながって、大好きになったのかなぁとうれしく思いました。

ところで、妊娠６カ月くらいからの時期のおなかの赤ちゃんは、ママの声以外にもあと

二つ、よく聞いている音があるそうです。それは何だと思いますか？

「パパの声？」という答えが返ってきそうですが、残念、はずれです。

正解をいうと、一つはママの心臓の音、もう一つは、おなかの赤ちゃんには「シャーシャー」と聞こえるらしい、ママの血液が流れる音なのだそうです。おなかの中の赤ちゃんは、自らが成長しながらも、おなかの中でママの声、ママの心臓の音、ママの血液が流れる音を主に聞いて学習しながら、誕生するまでの残り4カ月くらいの時間を過ごすのです。赤ちゃんにとってママの体というのは、まさに〝響板〟なのですね。

ママのおなかの中でママのさまざまな音を聞きながら過ごしてきた赤ちゃん。この世に産まれてきてすぐ、「おっぱいを飲もうね」とママがおっぱいをあげ始めようとするときに、赤ちゃんは、じーっとママの顔を見つめますね。何の疑いもない、澄んだつぶらな瞳を一点に集中してママを見ていますよね。

では、赤ちゃんは、なぜママの顔を見つめるのだと思いますか？

ママの「おっぱい飲もうね」の声を聞いて、

「ああ、この人が、自分がおなかの中でずっと聞いてきた声の持ち主なんだ」

「自分が生きていくために、自分のそばでいちばん助けてくれる人がこの人なんだ」

ということを認識し、ママの声に「ママを見つめる」ことで反応している……ということなのです。これってかなり上級のコミュニケーションだと思いませんか？　産まれたばかりの赤ちゃんからの、命がけのサインの交換なのです。

もう一つ、「聞いて、反応する」ことについての印象的なエピソードを紹介しましょう。

以前、テレビ番組である実験をしていました。大きな部屋の真ん中に白いカーテンを引いて、カーテンの向こう側に敷かれたカーペットのうえに、生後2カ月くらいの赤ちゃんとママ20組が座っていました。そして、カーテンのこちら側からアナウンサーの方や落語家、オペラ歌手の方などさまざまな職業の10人ほどの男性が、一人ずつ順番に声を出し、赤ちゃんの反応を見ようという企画でした。さまざまな職業の男性が代わる代わる声を出していくのですが、赤ちゃんの反応はいま一つ。時間がたつにつれてだんだん飽きてきたようで、ぐずぐず泣く子が出始めたそのときです。

ある人が声を出したら、その場にいた赤ちゃんはもちろん、ぐずぐずしていた赤ちゃんまでもがピタッと泣き止んで、「何だろう？」と聞き耳を立てるような反応をしたのです。9割の赤ちゃん、といっていいました。

声の主は、どなただったと思いますか？

なんと、狂言師の野村萬斎《まんさい》さんでした。狂言師さんは、舞台で甲高《かんだか》い声で抑揚《よくよう》をつけて「太郎冠者、太郎冠者、おいでませ」などといいますよね。実は、狂言師さんのあの声の高さは、女性の声の高さの波長とちょうど重なるのだそうです。加えて、狂言師はゆっくりと、はっきりと話すでしょう。そうです。ママの声、女性の声に似ていたのです。だから、ぐずぐずしていた赤ちゃんが、野村さんの声を聞いて「あれっ？　ママの声かな？」と聞き耳を立てたというわけです。ちゃんと学習してきているのですね。

それからもう一つ。

こんな話、聞いたことがありませんか？「機嫌のわるい赤ちゃんの前で、スーパーのレジ袋をこすり合わせてシャカシャカっと音を立てると泣き止む」というお話。あの、レジ袋をこすり合わせたシャカシャカという音は、どうも、赤ちゃんがママのおなかの中にいるときに聞こえるママの血液が流れる音に似ているのではないかと考えられているそうです。〝ママのおなかの中〟という人生でいちばん安心できる場所で聞いた音が聞こえて、それに敏感に反応して泣き止むのではないかといわれています。

そうなんです。この世に産まれてきてくれた赤ちゃんは、妊娠6カ月くらいのときからママのおなかの中で聞いてきたさまざまな音、なかでもとくに、大好きなママの声（女性の声)にいち早く反応することができるようにおなかの中から学習して産まれてきて、自ら「育とう」としているのです。赤ちゃんにとってママの声というのは、「この声に反応していけば安心だ」という、自分が生きていくうえでの道しるべのようなものなのです。

地域の子育て施設などで開催するパパママ向けの育児講座のとき、参加してくれたパパやママに必ず聞くことがあります。

「生後1、2カ月の赤ちゃんに、機嫌がいいときにベビーベッドの右端と左端からパパとママが同時に『パパだよ』『ママだよ』と声をかけると、赤ちゃんはどっちに向くと思いますか？」

って。

すると、ほとんどのパパが、

「ママのほうです」

と答えます。

パパは少し寂しいかもしれませんが、仕方がないですよね。だって、赤ちゃんは、妊娠6カ月のころからずっと、ママのおなかの中でママの声をたくさん聞きながら学習してこの世に産まれてきてくれたのですから。

でも、大丈夫。パパも安心してくださいね。ママといっしょに楽しく生活しているパパの声は、ママのおなかの中にいるときからちゃんと聞こえています。ママに比べると、「聞いて、反応する」のに少し時間がかかるかもしれませんが、ママが大好きな人であるパパの声にも少しずつ慣れて、かわいい反応を示してくれるはずです。

赤ちゃんが自ら「育とう」とするサイン④～見る～
ママをじっと見つめるのは「ここにいるよ!」「声をかけて!」の合図

赤ちゃんが自ら「育とう」とするサインの最後、四つめは、「見る」ということ。脳の中で視覚をつかさどる働きのある視覚野（p.83参照）は、赤ちゃんが産まれてきてくれてからすぐにメキメキと発達し、視力がどんどん発達していくのだそうですが、産まれたばかりの赤ちゃんの視力は、18センチから35、36センチくらいの距離までが見えるといわれています。この18センチから35、36センチって、何の距離だと思いますか？

乳児の視覚の好み（R. L. FANG, 1963）

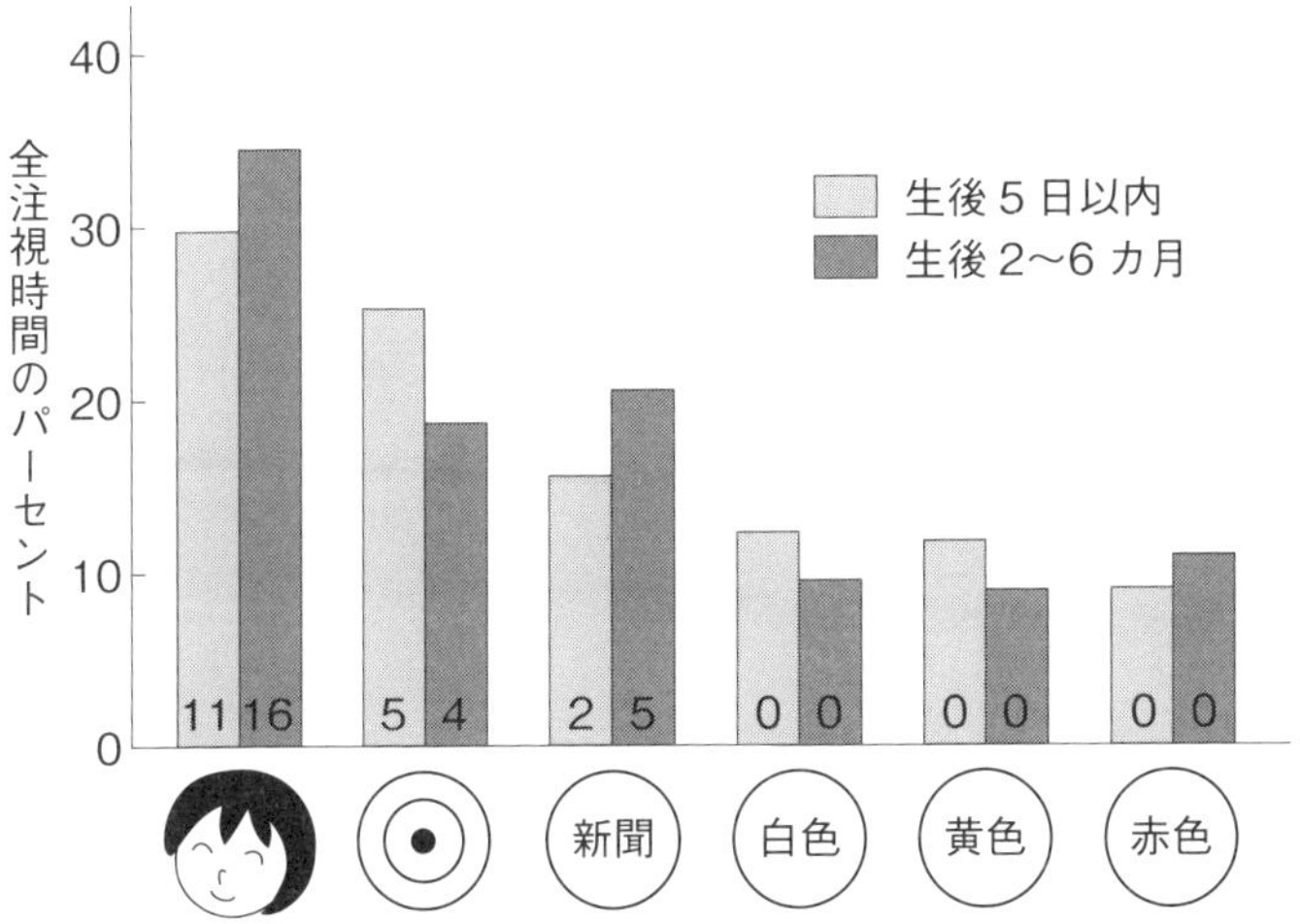

（二木武著『乳児保育』医歯薬出版）

そうです。授乳のときの、赤ちゃんが見つめるママの目との距離なんです。赤ちゃんは、自らが育つために、産まれてきてからすぐに、おっぱいのときにママの顔をじっと見つめて「おなかの中で聞いてきた声がこの人なんだ！」と認識していきます。そして、自分が生きていくために〝大切な人〟と、しっかり位置づけていくのです。

新生児期にじっと見て視線を合わせることを注視といいますが、その後、３、４カ月くらいになると、追視といって、目で物が追いかけられるようになります。ママが赤ちゃんを抱いて話しかけるとママの顔をじっと見つめ、ママが顔を動かすとその動きを追って右、左に瞳を動かすことができるようになります。

この時期の赤ちゃんは、日中赤ちゃんが起きていてベッドで機嫌よくしているときにそばを通りかかると、こちらをじっと見ますよね。視線を感じたママは、「あら起きていたの。いい子ね。ちょっと待っていて、洗濯物干してくるからねー」などと、自然と声をかけますよね。そう、この追視が、赤ちゃんが自ら「育とう」とする大事なサインなのです。産まれてきたばかりでまだ一日中ねんねの赤ちゃんだって、ママと深くかかわっていきたいのです。近くにいる大人をじっと見るというのは、「ぼく（わたし）はここにいるよ。かまってちょうだいね。声をかけてちょうだいね」というアイコンタクトなんです。そして、相手のさまざまな表情を見て、生きているのです。

人は、社会的存在であるといわれています。人と人とのかかわりの中でしか生きていかれないということです。人と人とのかかわりをうまくやっていくためには人の表情を読み取る力が大切で、生後6カ月くらいまでに、右のこめかみにある鏡脳神経《かがみのうしんけい》がメキメキと発達していきます。この鏡脳神経は、人の表情を読み取る力、やがては状況判断を素早くする力につながっていくところです。

赤ちゃんからの視線って、私たち大人の心を揺り動かすかわいさを持っていますよね。私たち大人は、もし電車の中で知らない大人にじっと見つめられても、見つめ返したりはしないですよね。でも、赤ちゃんにじっと見つめられたらどうでしょう。それまでむずかしそうな顔をしていたおじいちゃんでさえ、赤ちゃんににこっと微笑《ほほえ》み返していますよね。成熟した大人は、命のバトンをつなぐ人類の赤ちゃんに敏感に反応し、守り育てようという気持ちを持ちます。動物たちだって同じです。みんなで赤ちゃんを守りながら原野を移動するゾウの親子など、代表的ですよね。

私は保育士で子どもが大好きなので、赤ちゃんからの視線を感じると、思わず所かまわず「ばあっ」ってやってしまいます。最初のころは赤ちゃんもとまどいの表情を見せていますが、何度か繰り返すと、たいていの赤ちゃんはにこっと笑ってくれます。赤ちゃんは「ママじゃないし、この人は知らない人だけど、面白いな。なんだか楽しいな」って思ってくれて微笑んでくれるのでしょうね。

このときにこっと笑った赤ちゃんは、次にどんな反応を示すと思いますか？

ほとんどの赤ちゃんは、にこっと笑ったあと、必ずそばにいるママを見るのです。ママをじっと見て、

「ママ、知らないおばちゃんにちょっと遊んでもらったよ。楽しいよ」

というサインを送っているのです。

でも、とても残念なことに、最近のママたちは、赤ちゃんがママを見たとき、わが子ではなく、スマートフォンの画面を見ていることが多いのではないでしょうか。

これはどういうことかというと、残念なことに、「赤ちゃんが自ら出したサインをママが受け取っていない」ということです。

赤ちゃんの立場でいうと、「『ママはどう思ったかな』と、ママにサインを送ったのに無視されちゃった……」

ということになるのです。これが続くとどうなると思いますか？　「懸命にサインを送っているのに返してくれない」という体験が積み重なることによって、自らサインを送ることをあきらめたり、いつしかまわりの人とのかかわりに興味がうすれたりしてしまう子に育ってしまうかもしれないのです。

もしママが、そのときの赤ちゃんからのサインをきちんと受け取れたら、どうなるでしょうか？　ママはその場で赤ちゃんに笑いかけてくれた人に、

「ありがとうございます」

などとお礼をいいますよね。すると、相手の方とママの間で、

「かわいですね、何カ月ですか」

「８カ月です」

「あら、これからますますかわいくなりますね」

などという交流が生まれるじゃないですか。赤ちゃんを中心に、大好きなママが知らない大人の人と自分のことについてニコニコ笑いながら話している……知らない人とママの真ん中に自分がいて、こんなに居心地のよい空気を感じることができるといううれしい体験が残ることになりますよね。まさにこのとき、赤ちゃんは、人とかかわりながら生きる喜びをしっかりと味わうことができるのです。


赤ちゃんを取り巻くこんな何気ないやりとり、すごく大事なんですよ。ですから、ママやパパだけでなく、大人たちは赤ちゃんから見つめられたときはもちろん、ふだんから赤ちゃんをたくさん見つめてあげてくださいね。

パパママ向けの育児講座でこのお話をすると、講座の感想を書くところに「私もこれまではスマートフォンの画面を見てしまっていましたが、今日のお話を聞いて、反省しました。これからはもっと子どもとアイコンタクトをとるようにしたいと思います」などと書

いてくださるんです。ああ、皆さんにお話して良かったと思う瞬間です。

話を脳に戻しましょう。先ほども少しお話した、脳の中で視覚をつかさどる働きのある視覚野は、産まれてからたったの4カ月で、その働きがほぼ終わるそうです。いいかえると、「赤ちゃんは生後4カ月で、大人と同等の視力を獲得できる」ということなのですね。

もし、産まれた直後から4カ月くらいまで真っ暗な場所で育て、それ以降に明るい場所に出た赤ちゃんは、視覚野への刺激がないまま機能が終わり、目は開けていても見えない赤ちゃんということになってしまうそうです。気をつけたいですね。

とても気の毒なのですが、先天的な素因によって生まれつき目の中の水晶体が混濁し、視覚障害を起こす可能性もある病気として知られる先天性白内障で産まれてくる赤ちゃんが、まれにいらっしゃるそうです。

昔は「少し体力がついた1歳くらいになってから手術をしましょう」という考え方だったそうです。

でも、脳科学の研究の進歩により、視覚野の発達が生後4カ月で終わってしまうということがわかってからは、アメリカでは視覚野がめきめき発達している生後2カ月くらいで、白内障の手術をするようになったそうです。

日本では、まだそこまで徹底されていないようですが〝視力〟という観点からの「見る」という能力は、赤ちゃんが産まれてすぐからたくさん〝見る〟という刺激を受けて育まれるということがおわかりになったと思います。

①泣く　②吸う　③聞いて、反応する　④見る……赤ちゃんが表す四つのサインにていねいに付き合おう

いかがでしたか？　赤ちゃんが自ら「育とう」する①泣く　②吸う　③聞いて、反応する　④見るという四つのサイン。おわかりになっていただけたことと思います。繰り返しになりますが、この四つのサインは、赤ちゃん自身が生まれながらにして獲得して誕生してくるのです。すごいですね。

赤ちゃんは自ら「育とう」という力を持って生まれてきてくれるけれど、やっぱりママやパパをはじめとする大人の力を借りなければ育っていけないのです。だからつい、「何

もできないから育ててあげなくちゃ」と思ってしまうのでしょうね。「自ら育とうとする力」をサインを出して知らせ、そしてまわりの大人にたくさんかかわってもらいながら、自ら「育とう」としているのです。

泣くとすぐに飛んできてくれる人。

おっぱいやミルクをもらえる人。

声に反応すると、微笑みかけたり話しかけたりしてくれる人。

じっと見つめると見つめ返してくれる人。

赤ちゃんは、「自分にとっていちばん大切な人であるママやパパがそばにいないと生きていけない」というのが、〝脳〟でわかるから、これまでお話してきたようなサインを送ってくるのです。

脳は、生きていくために働いているのです。

赤ちゃんが自ら発信するサインに、しっかり、ていねいにかかわっていく。これが子育てイコール保育なのです。

人間にいちばん近いチンパンジーの赤ちゃんは、2歳までは母親にしがみついて離れずに生きていきます。だから泣かないそうです。それはそうですよね。ずっと母親にしがみついていれば、泣いて知らせる必要がないわけですから。

人間の赤ちゃんは、産まれると母親と分離して生きていきます。しかし、自分で飲むことも、しゃべることも、歩くこともできません。だから、これまでお話してきた四つのサインを出して大人を呼び、お世話を受け、温かくかかわってもらって体と心を育てていくのです。

地球上の生物のいちばん進化したものが、哺乳類。その哺乳類の頂点をきわめたのが人類ですが、他の哺乳類は、産まれてすぐに親と同じに四つ足で歩き出し、「メェー」などと同じように鳴くのに対し、人類だけが、親と同じ能力や特長を備えることなく生まれてくる生物なのです。

人類とチンパンジーの大きな違いは、二足歩行と言語の獲得です。このどちらも、人間の赤ちゃんは一歳くらいのときに獲得します。つまり、この世に産まれてきた赤ちゃんは、約1年かけて〝人間〟になっていくといえますよね。そうです。私たち大人は、産まれたばかりの0歳の赤ちゃんを、約1年かけて〝人間〟に育てていくのです。0歳時代は、産まれたばかりの赤ちゃんを、〝人間〟に育て、〝人間〟としてしっかり生き抜いていく基盤づくりをするとても大切な時期といえるでしょう。

第3章　子どもの育ちと脳の発達

〝生きるための脳〟〜脳幹

おっぱい、ねんね、おむつ…生活リズムを整え、いつも機嫌の良い赤ちゃんに

さあ、いよいよこの章では、本書のメインテーマである「子どもの育ちと脳の発達」について、くわしくお話していきましょう。

少し難しい内容になるかもしれませんが、保育士時代のたくさんの経験談をまじえながら、なるべくわかりやすくお話していきたいと思います。各頁のイラストと合わせてご覧になりながら読み進めてくださいね。

ゆっくり読み進めていただくと、日々のわが子の様子や言動について「ああ、そうだったのか」「なるほど、そういうことだったんだ」……など、その理由が少し、理解できることと思います。そして、「これでいいんだ」と、ちょっと安心して肩の力を抜いたり、「これからこんなふうに接してみよう」などのアイディアが浮かんだりして、育児がこれまでより、楽しく感じることでしょう。

脳の働き

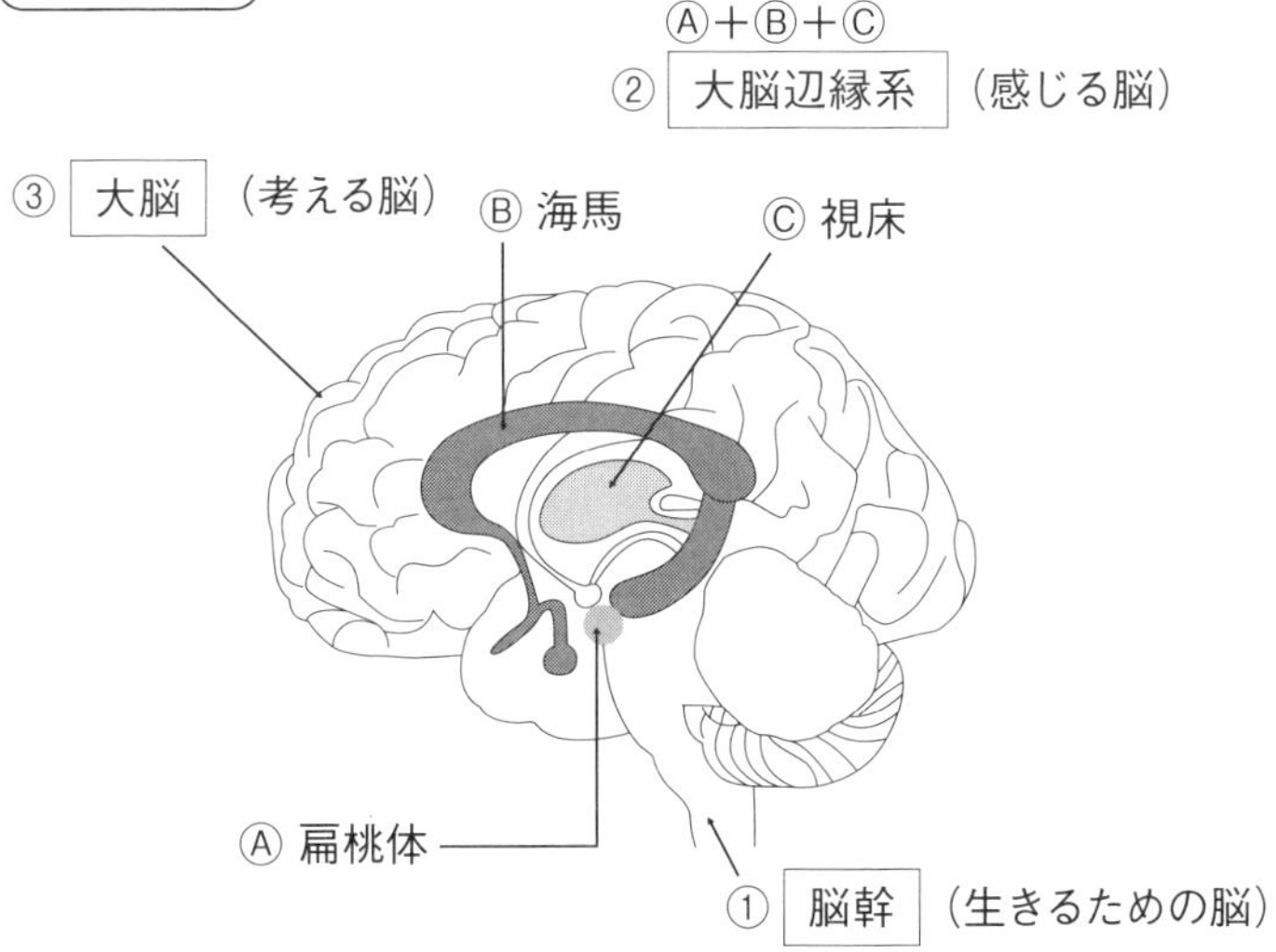

子どもの育ちと脳の発達についてお話するときに、ぜひ知っていただきたいのが、脳のなりたちと役割についてです。

私たちの脳は、上から縦に割ると、上図のイラストのようになっています。脳の部位は大きく分けて、①脳幹《のうかん》②大脳辺縁系《だいのうへんえんけい》 ③大脳の3つ。これらはお互いに連結し〝三位一体の脳〟ともいわれています。

では、次に〝三位一体の脳〟の、それぞれの働きと子どもの育ちについて、お話していきましょう。

〝三位一体の脳〟の一つめ。それは、脳幹です。地球上に生物が現れ始めたときから存在する脳で、爬虫類の脳ともいわれ胎児のときにまず発達し、脳の中心部から脊随《せきずい》までのところに位置しています。

この脳幹は、外部から刺激を受けてどんどん発達していく他の脳とは違って、生まれてきたときからすでにできあがっている脳（一部）で、心臓を動かしたり、呼吸をするための臓器を機能させたりする基盤的役割を果たしています。そのため、〝生きるための脳〟と呼ばれています。

この脳幹では、体内の調整作用をつかさどっています。わかりやすくいうと、呼吸や脈拍、血圧や体温、それから食欲や性欲、睡眠欲、排泄欲……。私たち人間が生きていくうえで必要不可欠な体の機能、そして人間としての根源的な欲求を、この脳幹というところで〝調整する〟のだそうです。

〝調整する〟というのはどういうことかというと、たとえば、生まれたばかりの赤ちゃんは、1日のうちのほとんどを、飲んでは寝、飲んでは寝……で過ごします。昼夜を問わず3時間くらいの間隔でおなかをすかせ、それを、まわりの大人に泣いて教えてくれますよね。そこでおっぱいやミルクをあげると、赤ちゃんはおなかがいっぱいになって満足し、また眠りについてくれますね。

そして生後6カ月くらいになると、体も少し大きくなっておっぱいやミルクを1回に飲む量も増え、授乳の回数がだんだん減ってきます。日中機嫌良く起きている時間も長くなってきて、夜も少しずつまとめて眠るようになり、夜中の授乳回数が前より減ってくる子も多くなりますね。

それが1歳前後になると、離乳食は朝・昼・晩の3回、午前と午後に補食を1回ずつというリズムになってきます。日中起きて遊んでいる時間が長くなると共に、夜しっかり寝る時間も長くなり、夜中の授乳は1回とか、早い子だと夜の授乳が必要なくなることもあります。大人とほぼ同じ食生活のリズムになり、「昼動いて、夜しっかり寝る」という睡眠リズムもだんだんできてきます。

このように、およそ1年の月日をかけて、赤ちゃんリズムから人がすこやかに生活できるリズムに調整する働きをするとても大事なところが、この脳幹というところなのです。

脳幹は、前述したように、生まれながらにして機能ができていて、人間の脳の発達の中でいちばん最初に育つところだといわれています。具体的にいうと、生まれてからすぐ、つまり、0歳から1歳になる1年間に最も発達するのです。2章のところで、赤ちゃんは「自ら育つ」ために「泣いて」サインを出します……とお話ししましたが、脳の働きをふまえて改めてお話すると、赤ちゃんは、おなかがすいたときや眠いとき、おむつが気持ちわるいときなどに「ぼくを（わたしを）心地よい生活のリズムで過ごさせてよ～」と、泣いて知らせてくる……というわけです。

もう、お気づきですね。

脳の働きと子どもの育ちの関係から考えると、乳幼児期の中でもとくに、〝生きるための脳〟である脳幹がいちばん発達する0歳時代の1年間は、赤ちゃんが〝自ら生きる〟ために赤ちゃん自身から発する「おなかがすいた」「ねむい」などのさまざま欲求にママやパパが的確に合わせる、つまり、「赤ちゃんの求める最も心地よい生活リズムに合わせて過ごす」というのが、脳幹の発達によいということがよくわかります。

脳幹がいちばん発達する0歳時代のときに、赤ちゃんのリズムでなくママやパパ、大人中心の生活リズムで育てた赤ちゃんは、どうなると思いますか？

夜遅い時間まで起きている大人に付き合わされた赤ちゃんは、午前中はボーッとしていて午後になるとハッスルし、夜中の12時くらいまで元気な〝夜型の赤ちゃん〟に調整されてしまうのです。夜型に調整されると、どのようなことになっていくのでしょうか。私たちの脳は、朝の太陽の光を浴びるとドーパミンという意欲ホルモンが出てきます。「さあ、今日も元気でがんばるぞー」というホルモンです。そして、一日活動し、日が沈んで暗くなると、メラトニンという睡眠ホルモンが出されます。私たち人間は、太古の昔から、お日様と共に起き、活動し、お日様と共に眠りにつくリズムを確立して生きていた生物ですので、このような生活リズムがしっかり脳に組み込まれているわけなのです。

そして、ここが大切です。メラトニンホルモンはまた、成長ホルモンといわれていて、寝ている間に脳が昼間体験したことを復習して整理し、次への成長につなげていく働きもしているのです。体も骨も、夜成長しているのですよ。

薄暗くなると出てくるメラトニンホルモンは、夜中の12時より3時間くらい前にいちばんたっぷり出てくるといわれています。ですから、子どもの育ちにいちばんよいのは、「夜の9時ごろに寝る」ということなのです。日本は昔から、「子どもは早寝、早起き」「寝る子は育つ」といわれてきましたが、これは理にかなっているといえますね。

今は、文明の発達で夜もこうこうと明るい便利な社会をつくってきましたが、発達途上の乳幼児期は、〝夜も明るい社会〟に柔軟に対応していく時代ではありません。長い一生を生きていくための基盤づくりの時期ですので、大人のペースを優先するのでなく、赤ちゃんが求める生活リズムをキャッチして受け止めていくことがとても大切です。

夜、ファミリーレストランなど明かりがこうこうとついている中で、生後3カ月くらいの赤ちゃんをバウンサーなどで寝かせて、そのとなりでママやパパがご飯を食べている……という光景をたまに見かけます。これは、子どもの立場で考えてみると、暗いところで出る成長ホルモンのメラトニンが出づらい環境の中で寝かされているということになります。子どもが〝自ら育つ〟環境としては、あまりよくないということになりますよね。子どもが小さいうちは、なるべく夜の外出を控え、安心できる環境の中で早めの時間に寝かす習慣をつけてあげることが、脳の発達から考えても体の成長からも大切なのです。

成長ホルモンであるメラトニンホルモンを活発に出すことができず、子どもとしての成長が妨げられてしまった〝夜型の赤ちゃん〟が、一度つくられてしまった夜型の生活リズムを変えるには、時間がかかるものです。大きくなって保育園や幼稚園に入園するときに園生活のサイクルに慣れるのに時間と負担がかかり、子ども自身がとまどい、園生活に積極的に参加しづらくもなります。

また、最近よく見かけるのが、フードカバーつきのだっこひもで赤ちゃんをだっこして買い物をしているママの姿です。このフードカバーをつけると、昼間でも赤ちゃんのまわりだけが薄暗くなって夜の雰囲気に近づくため、脳は活性化せずウトウトと眠ってしまいますよね。赤ちゃんがお昼寝するはずの時間にどうしても出かけなくてはならず、「明るいお外でもすんなり眠れて生活リズムをくずさないように」とこのフードカバーを使用するのであれば問題はないのです。しかし、いつもは赤ちゃんが起きている時間帯なのに、「おとなしくねんねしてくれるから」という大人の都合でフードカバーをつけると、赤ちゃんにとってみれば、「不自然に夜の状態にされ、無理に眠らされちゃう」ということになります。その結果、脳が活発に働いてほしいときなのにさまたげられてしまい、結果的に赤ちゃんの生活リズムをくずしてしまうことになるのです。

フードカバーつきのだっこひも一つでも、使うときには十分に考えて気をつけてあげましょう。

０歳代は「Needs」（ニーズ）の時代、１歳代は「Want」（ウォント）の時代

ところで、アメリカでは、０歳時代のことを「Needsの時代」と呼んでいるのですっ

て。Needsは英語で「必要」ということですね。0歳時代の赤ちゃんの「泣き」は、先ほどもお話したように、「おなかがすいた〜」「ねむくなった〜」「おしりが気持ちわるい〜」など、赤ちゃんが自らの力で生きていくために「必要」な、根源的な欲求なのですね。それを自ら満たし、整えるために泣いてママに知らせることから、「ニーズの時代」といわれているのです。「0歳時代の泣きはわがままの泣きではないので、泣きには全部応えなさい」という考え方を基本にしているそうです。

〝生きるための脳〟である脳幹がいちばん発達する0歳時代に、大好きなママやパパから自分の「ニーズ」にていねいに応えてもらった赤ちゃんは、常に、「生きるって気持ちいい」「ママやパパといっしょにいるって心地いい」という体感や安心感を実感しながら機嫌よく成長していきます。

そして、1歳くらいになり体がしっかりしてくると、たっちやよちよちあんよができるようになって自分の行きたいところに行かれるようになり、「あれにさわってみたい」「この中を見てみたい」など、家中の引き出しを開けようとしたり高い所によじ登ろうとしたりなど、親が驚くようなさまざまなことに興味を持ってやってみたがる時代がきます。アメリカではこのような1歳の時代を「Wantの時代」と呼んでいるそうです。「要望する」「欲する」時代〟という意味ですね。

1歳代のわが子の「Want」に対して、ママはどのように応えてあげればよいのでしょうか。

0歳代のわが子の「Needs」に対しては、先ほどもお話ししましたが、ママはほとんど「イエス」と応えてあげるべきなのです。ところが1歳代のわが子の「Want」に対してのママの答えは、「イエス」もあれば、「ノー」も出てくるのです。

だってそうですよね。あなたがキッチンで料理しているとき、あなたのお子さんが、まな板のうえに置いてある果物ナイフを指さして「これにさわってみたい」というサインを送ってきたら、お子さんに「はい、どうぞ」って差し出せますか？　差し出せませんよね、危なくて。

そうです。1歳代からは、〝親子のルール〟というものが必要になってくるのです。ただ、ここで気をつけなくてはいけないのは、子どもからのサインに対してただやみくもに「ノー」を出してしまうこと。

先ほどあげた例のように、子どもがキッチンにある果物ナイフをさわろうとしたり、ガス台の火に興味を持ってそれにふれようとしたり……など、明らかに身の危険が及ぶ行動に対しては、ママやパパは毅然《きぜん》と「ノー」のサインを出さなくてはいけませんね。ところが、大人がまだ読んでいない新聞紙を破ってしまったときなどは、「新聞紙はやぶっちゃダメよ！」などと、頭ごなしにしかりつけることはあまりおすすめできません。

乳幼児期の子どもの遊びについては第5章でくわしくお話しますが、乳幼児期のなかでもとくに1歳代の子どもというのは、体が自由に使えるようになり、見るもの、ふれるもののすべてに興味を持つといっても過言ではありません。手足を含めて自分の体をいろいろ使って試し始めているのです。その結果、自分が興味を持った物の性質や扱い方、材質などを、自分の手や体で味わっているのです。新聞紙をビリビリ破るなど、大人から見たらいたずらにしか見えない行動が、1歳の子どもにとっては、〝自ら体験し、学んでいる〟ということになるのです。「家族が読んでいる新聞紙を破る」という行動は、ママやパパを困らせたいからではなく、単に、「これはどんなものなのかな～」と、紙そのものに興味を抱き、指先や耳を使って子どもなりに夢中で探索しているのですよ。

ですから、そんなときは、ママやパパは「紙をひっぱって破いたらダメ！」と「ノー」を出すのではなく、子どもに破られてもいい紙を渡して、思う存分破らせてあげればよいのです。私は保育士時代、紙の性質や紙を破ることに興味を抱き始めた1歳児クラスの子どもたちに、家にあって使わなくなった電話帳をためこんで保育園に持っていき、好きなだけ破らせていました。

〝生きるための脳〟・脳幹がめざましく発達する0歳代。

0歳代には、赤ちゃんから自ら生きるための本能的な「ニーズ」を発していますから、ママやパパは〝生きる心地よさ〟、愛され、守られている幸せを思う存分味わわせてあげながら、基本的な生活のリズムを整えていきましょう。

そして、1歳代になったら〝親子のルール〟を意識しながら、危険なことに対しては毅然と「ノー」を、それ以外のことについては、「子どもが興味を示したことに、子どもが満足するまで体験させてあげるお手伝いをする」というスタンスでかかわっていくことが、とても大切ですね。

脳幹が発達する生まれてからの一年間は、子どもの豊かな育ちと、人として心地よいリズムで生きていくための最初の基盤をつくる時期。ていねいに、根気よく、目の前のわが子と向き合っていきたいものです。

人の表情を読み取る鏡脳神経〜生後3カ月でも、ママがニコッとすると赤ちゃんもニコッ

ここまで、〝生きるための脳〟である脳幹は、0歳代にめざましく発達するとお話してきました。それと関係して、0歳代に働き始めるといわれている脳神経のお話をしていきましょう。

56pでもお話しましたが、生まれた赤ちゃんの脳の中でいちばん活発に働き出すのが、右のこめかみのあたりにある「鏡脳神経《かがみのうしんけい》」だといわれています。「鏡脳」と呼ばれているくらいですから、「目に映ったものをそのまま写し取る」という働きがあります。この鏡脳神経は、生まれてすぐから生後6カ月くらいにかけてめきめきと発達していき、赤ちゃんは、人の表情に着目し、表情を読みながら、読みながら生きているのです。このことはやがて、自分のまわりの状況を読み取る状況判断につながっていくのです。「生まれたばかりの赤ちゃんは、ねんねばかりでまだなにもわからないから、親はかまわずそっとしてあげよう。寝る子は育つともいうし……」だなんて、とんでもない。鏡脳神経がめきめき

発達するこの時期だからこそ、赤ちゃんが起きているときにはママやパパがたくさんだっこしたり、話しかけたり、にこっと笑いかけてあげたりしてかかわりを持つことがとても大切なのです。

ご存知ですか？

生後３カ月くらいでまだ首がすわりきらないくらいの赤ちゃんでも、こちらから笑いかけてあげると、笑い返してくれることがあるんですよ。そして、赤ちゃんに話しかけてあげると、赤ちゃんはまだ当然しゃべれないけれど、まるでお話しているように、お口をむにゅむにゅって動かすことがあるんです。鏡脳神経がめきめきと働いているから、こちらの表情を読み取ってまねしようとしているのです。すごい能力だと思いませんか？

ところで、この鏡脳神経は、生まれたときから６カ月くらいまで発達するとお話しましたが、その働きは、大人になっても残っていくのです。

大人だって、一人でご飯を食べるよりも、家族やママ友といっしょにご飯を食べたほうが、同じカレーライスでもよりおいしく感じるでしょう？　家族やママ友との食事のときって、みんなでお話したりして、にこにこしながら食べますよね。まわりの人の〝にこにこ〟に鏡脳神経が反応して、自分も自然とにこにこしてくる……というわけなんです。

話を戻して、このような、まわりの大人からの働きかけ、すべてに敏感に反応する0歳代というのは、「とにかく抱いて、抱いて、お話しして、育てる」ことをおすすめします。

「抱き癖」って言葉、聞いたことありますか？　戦後の日本では、子育ての考え方として「子どもを抱っこばかりするのはよくない」「抱き癖をつけてはいけない」という考え方が浸透していました。日本は子どもの発達や子育てについての研究が非常に遅れていて、当時、大半をアメリカからの情報を取り込んで子育て指針をつくってしまい、その中のひとつに「抱き癖をつけない」という項目を入れてしまったのです。しかしその後、子育てについての研究が進むにつれて「抱き癖をつけてはいけない」ということに明確な裏づけはなく、むしろ誤った考え方であったことに気づいたのです。

そこで、厚生労働省は、あの提言は間違いだったと認め、母子手帳からその記述を省きました。ヘネシー澄子先生も、「今、日本の子どもたちが起こしている非行や暴力などの非社会的行動は、日本が子育ての指針として『抱き癖をつけない』ということを、30年以上も国を挙げて指導してしまったからなのではないだろうか」という懸念を話されているくらいです。

〝自ら育つ〟力を持って生まれた赤ちゃん。0歳時代は、先ほどもお話しした通り、「Needs

の時代」です。泣いたら抱っこしてあげましょう。そして、ママやパパは、赤ちゃんにたくさん笑いかけ、たくさん話かけて、いっしょに生きていく喜びを分ち合いましょう。

そして1歳の「Wantの時代」が来たら、〝親子のルール〟の中で、子どもの気持ちを受け入れつつもやっていいこと、やってはいけないことを上手に教えてあげましょう。

基本は、「子どもを受け入れる」という姿勢です。危険なことをしようとするとき以外は頭ごなしに拒否せず、むしろ豊かな体験をたっぷりさせることへの工夫が大切なことなのです。

〝感じる脳〟～大脳辺縁系
ママやパパから愛されれば愛されるほどグングン育つ

子どもの育ちと関係の深い〝三位一体の脳〟の二つめ。

それは、大脳の内側にある「大脳辺縁系《だいのうへんえんけい》」です。大脳辺縁系は、脳の中でも最初にお話した脳幹《のうかん》の次に発達していくところです。外からの刺激をすべて感じてキャッチして、自分にとって安全か危険かを察知し危険信号の役割を果たす「扁桃体《へんとうたい》」、これらすべての情報や体験などの記憶をつかさどる「海馬《かいば》」「扁桃体」から入った情報が「海馬」を通っていくなかで、自分にとって心地よい情報、楽しい、うれしい、安心、安全、満足感などの安堵感が埋め込まれていく「視床《ししょう》」、以上三つの機能が連携して働いています。

大脳辺縁系は、食欲をはじめとする「自ら生きていこう」とする生存本能や好き嫌い、安心感、怒り、恐怖などの基本的な感情をつかさどる部分でもあり、〝感じる脳〟といえます。

赤ちゃんは、先ほどもお話しましたが、生まれた直後からだれにも教わらないのに、自ら育つために、「泣く」という言葉に代わるサインを出しながら、おっぱいやミルクを飲ませてもらったりしています。でも、いくら泣いてもだれも応えてくれないと、どうなると思いますか？

赤ちゃんの脳が「おなかがすきすぎて危険だよ！」と、危険の探知機である扁桃体が感知して脳の中を次々と刺激し、赤ちゃんの脳からアドレナリンという緊張ホルモンをいっぱい出して、泣きがますます激しくなります。

このような経験を何度も繰り返した赤ちゃんは、ついには自らサインを出さなくなりま

脳の構造

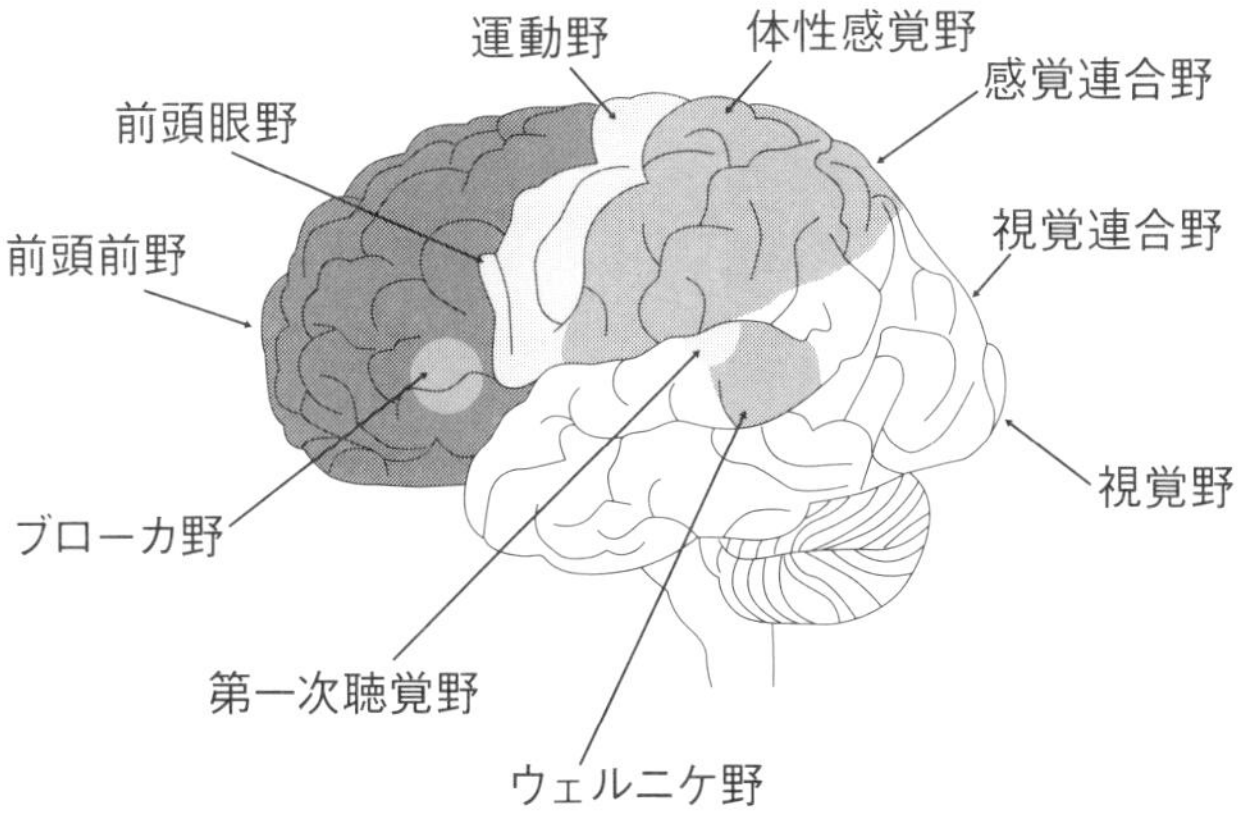

す。大人に対して安心感が抱けなくなってしまい、やがて大人に抱っこされても体をゆだねるような抱かれ方をしなくなるのです。極端な例をお話すると、小さいころに親から虐待を受けて育った子は、常に近くの大人から嫌な思いを強《し》いられているため、大人が抱っこしてあげても不安でピタリと体を寄せることができません。逆に体を固くして身構えてしまい、〝笑わない赤ちゃん〟〝泣かない赤ちゃん〟になってしまうのです。筋肉が硬直していつも緊張している赤ちゃん、なんだかかわいそうですよね。

　ママやパパ、保育者などまわりの大人たちに毎日しっかり抱かれ、ママのにおいをたっぷりかぎながらおっぱいを飲んだり、「おしりが気持ちわるいね。おむつを取り替えて気持ち良くなろうね～」などとやさしく声をかけられておむつを替えてもらったりするうちに、赤ちゃんの視床には〝安心感〟という感情がどんどん埋め込まれ、不安な気持ちや恐怖心でなく、喜びや楽しみ、「人を慕う」という好ましい感情がぐんぐん育ちます。

視床にたくさんの安心感や安堵感が埋め込まれた赤ちゃんは、どのように成長していくと思いますか？「自分は大人からとても大切にされている」という満足感、つまり、「自分はとっても大切な存在なんだ」という自己存在感、自己肯定感がすくすくと育っていくのだそうです。

さらに、この視床という場所は、「もうこれでおなかがいっぱい」と、ある一定の量になったらそれ以上ため込むことができなくなるわけではなく、どんどん強化されるんですって。すごいですよね。まわりの大人たちからの愛情をたくさんもらって視床が強化されればされるほど、自己存在意識や自己肯定感が高まるということですね。

自己存在意識や自己肯定感が高まるとどうなるかというと、脳から「セロトニン」「ドーパミン」というホルモンがたくさん出されるのだそうです。「セロトニン」とは幸せだと感じる幸福ホルモン、「ドーパミン」というのは、70pでもお話した、「よーし、がんばろう！」という意欲ホルモン、元気ホルモンです。このセロトニン、ドーパミンがたくさん出るほど、ストレスからの立ち直りが早くなるのです。それはそうですよね。「自己肯定感」が高ければ高いほど自分の自信も強まり、めげずに立ち直っていけるわけです。少し大きくなってお友達とケンカしたりなど、その子にとって心が傷つく経験をしたとしても、「今日は仲間はずれにされてつらかったけど、また明日『入れて』っていおう！」など、すぐに立ち直ることができ、気持ちの切り替えも上手になるということです。

いかがですか？　このように対応できるって、人として生きていくうえで、とても大切なことですよね。実はこの自己肯定感は一人では育たないのです。満足した行動や成功したときに、大人からのほめ言葉や表現など人とのかかわりの中で獲得されていきます。〝人間力〟の元になる安心感を、ぜひ、ママやまわりの大人とのかかわりの中で育んでいきましょうね。

これまでお話ししてきたように、人として生きていくうえでとても大切な、〝感じる脳〟である大脳辺縁系。

何歳くらいのときに、いちばん発達するのかしらと気になりませんか？

答えをいいます。

〝感じる脳〟である大脳辺縁系がいちばん発達するのは、0歳から6歳までの間だそうです。

大脳辺縁系は、まさに、乳幼児期に育つのです。そして、〝感じる脳〟ですから、座学でなく「体験学習」で育つのです。

脳の働きから考えるうえでも、0歳から6歳時代というのは、目の前に映る物事すべてを体験しながら学習し、さまざまな感情を育てながら、「自分はママやパパ、まわりの大人の人たちから大切にされている」という自己肯定感を育んでいく、とても重要な時代である……いいかえると、この時期だからこそ、安心できる親子関係をつくることが大切である……ということが、おわかりいただけたことと思います。

〝考える脳〟〜大脳

受け取った情報を分析して決断。大人になるまでに三つの段階を経て大きく発達

子どもの育ちにかかわりのある〝三位一体の脳〟の三つめ。それは、脳の約80パーセン

トを占める大脳です。脳の中でも最後に進化し、左脳と右脳の二つに分かれたくるみのような形をした大脳は〝考える脳〟といわれ、脳のほかの部分をすっぽりとくるんでいます。

大脳には、体の内外で起こったことを感じ取り、情報を分析して体全体の動きに指令を与える役割、目や耳鼻、口などから送られてきた情報を受け取って、考えたり決めたり覚えたりする役割、喜怒哀楽などの感情をコントロールする働きがあり、脳科学者によると、0歳から22歳くらいまで発達するそうです。

もう少しくわしくお話すると、大脳には、大きく発達する時期が、22歳までの間に3段階あるそうです。最初に大きく発達する時期が、0歳から6歳、次に大きく発達する時期が、10歳から12歳ころ、最後に発達する時期が、18歳から20歳ころだそうです。

先ほどお話した大脳辺縁系と同様に、大脳も、やはり乳幼児期の0歳から6歳の時期に、最初に大きく発達するのです。ここでも、0歳から6歳という時期は、脳の発達という視点から考えてみても、とても大切な時期だということがわかります。

成人の脳の重さは約１３５０グラム。誕生時の赤ちゃんの脳は約３５０グラム。これはゴリラの成人と同じだそうです。20年かけて３５０グラムから１３５０グラムに発達していくのですが、何と、3歳時には1350グラムの80パーセント、6歳時には90パーセントも発達するという驚きの数字なのです。

脳は第一段階で猛烈な勢いで発達していくのですね。その後15年間くらいかけて、たくさんの体験を通しながら脳内の調整や密度を高めて1350グラムに近づいていくことを考えると、「体験学習」時代にどれだけ豊かな体験をしながら自己充実感を味わうことが大脳の発達の基盤になっていくかがわかりますね。

〝脳の司令塔〟～前頭前野

大人を信頼し、共感や同情、がまんする気持ちが育まれる

子どもの育ちに深く関係のある脳の働きでもう一つ、知っていただきたいところがあります。それは「前頭前野《ぜんとうぜんや》」です。人間の大脳皮質の約30パーセントを占めるこの「前頭前野」は、大脳の中の前頭葉にあり大切な「脳の司令塔」ともいわれています。

前頭前野は、たくさんの働きをするところなのです。

①顔の表情や声の様子から、人の気持ちを推測しコミュニケーションする力
②物事の道すじや内容を考える思考力
③物を覚え、記憶をコントロールする力
④「さあ、がんばるぞ！」という、意思の決定ややる気をアップさせる力
⑤「やってはいけないことはしない」という、行動を抑制させる力
⑥悲しいことやくやしいことがあっても、がまんする気持ちを育てる力
⑦音楽や絵画などの造形や、新たな事を創り出す力
⑧まわりを気にせず、一つのことに打ち込む集中力
⑨料理をしながら洗濯を進めるなど、二つ三つのことを同時にできる能力

これらは、人間が進化して二足歩行になり、手も使えるようになって発達したいちばん新しい脳なのです。人間だけが持っている能力です。

人として生きていくうえで、幼少期から少しずつ育んでいきたいたくさんの働きを持つ前頭前野。この前頭前野をすこやかに育てるには、どうしたらよいのでしょうか。

大切なことはずばり、先ほどもお話した〝感じる脳〟である大脳辺縁系を健常に発達さ

せるということです。いいかえれば、親（親しい大人）と子どもの間で、6歳くらいまでに安定した親（親しい大人）と子の絆をつくることにつきるのです。これによって、〝生きるための脳〟である脳幹が調整され、〝感じる脳〟である大脳辺縁系が健常に発達します。大脳辺縁系がすこやかに発達するということは、①子どもが大人を信頼し、お手本とすることができるようになる。②大人の価値観念を自分のものにできる。③「ママが喜ぶと自分もうれしい気持ちになる」と共感できる。④「かわいそう」「助けてあげたい」など同情する気持ちが育つ。⑤状況に応じてがまんすることができる。⑥肯定的な自己意識を持てる。

このことにより、人間形成のうえで大きな役割を果たす前頭前野が健常に発達する基盤ができあがるのです。

脳幹、大脳辺縁系、大脳。子どもの育ちと深い関係のある〝三位一体の脳〟それぞれの働きと、前頭前野についてお話してきましたが、いかがですか？　子どもの脳の働きや発達についてその仕組みを少しでも知ることができると、目の前にいるお子さんの見方が少しは変わってきませんか？

今まで「なぜ？」と思っていた子どもの言動の背景がわかって、少し安心していただけたのではないかと思います。

繰り返しになりますが、子どもは生まれながらに自ら「育とう」としています。そして、自分が育つためにママやパパ、まわりの大人に助けてもらいたいとき、自ら一生懸命サインを出して、自分が育つための欲求を知らせてくれます。その欲求に、真っ正面からていねいにかかわってくれる人に対して子どもは安心感を抱き、自分が生きるために必要な大切な人を認識し、〝人への信頼〟という大切な基盤を獲得していきます。「まわりの人たちと仲良くできて互いに信頼できる子どもに育てたい」と思ったら、ママやパパ、保育者など身近な大人が、子どもが小さいときに、たくさん、笑顔と語りかけでていねいにかかわって、信頼し合える関係をつくってあげることが何よりも大切なのです。

脳が受け取った情報を伝える働きのあるシナプス
2歳から6歳くらいにかけて飛躍的に増え、脳の中が大爆発

これまで、子どもの育ちと〝三位一体の脳〟である脳幹、大脳辺縁系、大脳、そして前

頭前野の働きの関係についてくわしくお話してきました。ここでは、脳の神経細胞と子どもの育ちについてお話していきます。

私たちの脳の中には、約120億以上の神経細胞が入っているそうです。ただし、通常は15パーセントしか使われていないんですって。残りの85パーセントの細胞は、まだ使われていない細胞なのだそうです。「交通事故で脳を強く打ち、損傷を起こして脳の一部がこわれてしまい、言葉を失い、手足の機能が失われてしまったような状態になっても、リハビリをしたら一時は動かすことができなくなっていた足が動かせるようになった、しびれがあったところがとれた、失語症になったけれど再び言葉が生まれてきた」などというお話、聞いたことがあると思います。これは、「リハビリなどによって、それまで使われていなかった残り85パーセントの神経細胞が活性化して必要な回路を形成した」ということなのです。「脳は余力を持っている」ということですね。

私たちの体には微弱電流が流れていて、日々のさまざまな体験を通して外から刺激が入ってくるとこの神経細胞が、入ってきた情報をまわりの細胞にも一生懸命流そうと電流が流れてアメーバーのように広がるそうです。このアメーバーとアメーバーがドッキングしたところは「シナプス」と呼ばれています。このシナプスは、「受け取った情報を伝え

神経細胞（ニューロン）の構造

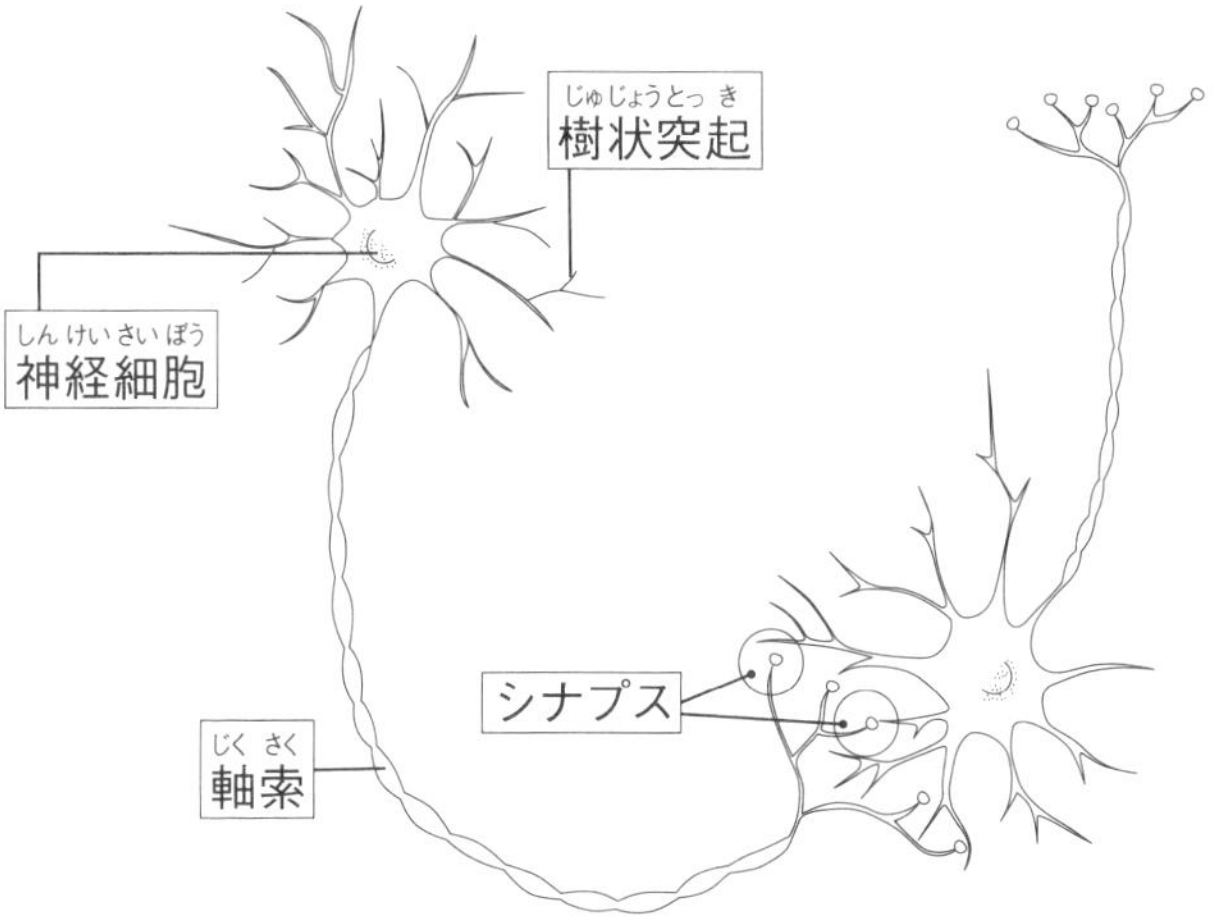

シナプスの増加の変化

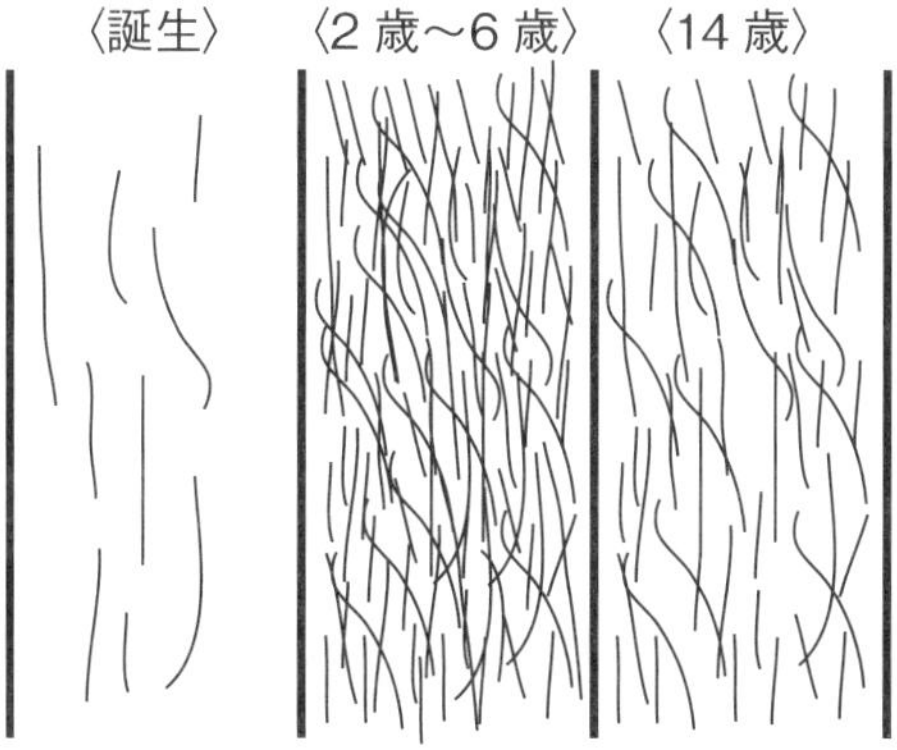

る」という重要な働きをするのですが、シナプスの数を増やして神経回路を広げ、うまく働くようになることによって、脳はどんどん発達していくと考えられています。

生まれたばかりの赤ちゃんのシナプスはママのおなかの中という、刺激の少ない安定した環境の中で育ってきているから、当然のことながら、シナプスはあまりありません。この世に生まれてきてから、目に見えるものや耳に入ってくる音などさまざまな刺激が赤ちゃんの脳に一気に入っていくと、先ほどお話したように神経細胞に電流が流れ、シナプスがどんどん増えていきます。

そして、2歳くらいのときに、爆発的にシナプスを増やそうとする時期がくるのだそうです。そう、2歳くらいの時期というのは、自分の目の前で起こるありとあらゆることに対してビビビッとシナプスがつながり始める時期なのです。

わかりやすい例として、保育園時代の1歳児クラスと2歳児クラスの子どもたちのお話をしましょう。保育園で生活する1歳児クラスの子どもたちが、自由遊びの時間に積み木など一人遊びに集中しています。遊んでいる最中にたとえ自分の近くで音がしたとしても、それには反応せず夢中に自分の世界で集中して遊んでいます。

ところが2歳児クラスになると、反応が全然違ってくるんですよ。自由遊びのとき、1

歳児クラスの子と同じように積み木で遊んでいても、お部屋のどこかで「ガチャン」という音がすると、ほとんどの子が「え？　何があったんだ？」と、その「ガチャン」という音がした方へ向かって様子を見に行きます。「ガチャン」の音にシナプスがつながり、「何の音なのだろう」という探究心がめばえ、自らその音の元を確かめに駆けよって「箱が倒れたんだー」と確認し、元の遊びに戻っていくのです。

子どもの育ちの中で、まわりの刺激に何でもシナプスをつなげる最初の時期というのが、2歳。この時期に爆発的にシナプスが増え始め、そして、6歳までにどんどん増していきます。2歳から6歳というと、p.85などでお話した〝感じる脳〟である大脳辺縁系がめきめき発達する時期と重なりますよね。子ども自身が「面白い」とか「楽しい」とか「気持ちがわるい」とか、ありとあらゆる体験すべてにシナプスをたくさんつなげていくなかから、子どもは自分にとって、これは自分が生きていくうえで必要なシナプス、大切なシナプス、面白いシナプス……など体験しながら選び分け、必要なものを残していくのだそうです。

その後も成長して14歳くらいになると、つなげたシナプスのさらなる選び分け、自分にとって必要なこと、好ましいこと、などに整理整頓の調整ができて、シナプスの数は減っていくそうです。14歳くらいになると、たとえば勉強を例にあげても、自分は何が得意で何が不得手か、みなさんの中学時代を思い出していただくとおわかりになると思います。「数学がどうしても好きになれなかったわ」とか、「英語が苦手だったわ」などの記憶があるかと思いますが、苦手な科目って、自分からあまり勉強しないですよね。それらに関する情報が脳の中にあまり流れないので、シナプスは細い状態ということになります。ところが、「国語が大好きだったわ」とか「音楽の時間は楽しかった」となってくると、それらの情報を積極的にたくさん入れようとします。つまり、自分の意思で、自分にとって必要なシナプスを増やし、残していくのです。そして、同じ情報が流れれば流れるほどそのシナプスは太くなるそうです。最初につながったころは絹糸のように細かったシナプスが、同じ情報が流れれば流れるほど太くなるってすごいですよね。好きなもの、興味のあることへの好奇心や情熱が、シナプスを太くしていくというわけです。

長い年月を経ておじいちゃん、おばあちゃんになり、認知症のごとく脳がこわれていくような状態になってしまったとしても、今まで生きてきたなかで育まれた強いシナプスは切れづらいそうですよ。神秘的で面白いですよね、私たちの脳って。

脳の発達を促して知能をより高めるためには、シナプスの数を増やして神経細胞で回路をつくり、その回路を繰り返し使うことが基本です。長く使わなければシナプスの数も減って、せっかくの道筋も自然に消えてしまいます。

乳幼児期に、興味のあることや自分が「楽しい」と思えるものを見つけ、それに集中して遊んだりなどたくさんの経験を積み重ねていくことで、シナプスはどんどん増えていきます。家庭の内外でたくさんの豊かな体験を重ね、脳によい刺激を与えることが、子どものすこやかな育ちにはとても大切なのだということを、納得していただけましたか？

右脳と左脳をつなぐ脳梁
はいはいで鍛えられ、たっちやあんよの上達の鍵となる

次に、今までお話してきたシナプスと同じような働きをする「脳梁《のうりょう》」と、子どもの育ちについてお話していきましょう。私たちの脳は、右脳と左脳に分かれていると聞いたことがあるでしょう。右脳は感性の脳、左脳は知性の脳といわれていますが、この右脳と左脳は大脳辺縁系にある脳梁というものでつながっています。この脳梁の働きはシナプスとよ

く似ていて、情報交換をする働きがあり、脳梁が強ければ強いほど、右脳と左脳両方で感知した情報を素早く情報交換できるのだそうです。つまり、この脳梁を強くすればするほど、脳の活性化につながるということがいえるのです。

では、どうすれば活性化できるのでしょうか。

乳幼児期に、すればするほどこの脳梁を強くできるという、ある体の動きがあります。それは何だと思いますか？

答えは、もうおわかりですね。実は、はいはいなのです。2章でもお話しましたが、はいはいの時期にたくさんはいはいした子は脳梁が発達します。脳梁が発達するということは、左右の脳の情報交換が盛んになって体のバランス感覚を育む重要な基盤となっていきます。その結果、次の1歳時代のたっちやあんよの安定につながっていくのです。

脳梁とはいはいの関係についての印象的なコメントをあるラジオ番組で聞きましたので、紹介させていただきますね。

ボクシングの世界スーパーフライ級元チャンピオンだった飯田覚士《さとし》さんのお話だったのですが、結婚して男の子を授かった飯田さんは、わが子をスポーツの好きな子にしたいと思い、物心ついたころからキャッチボールをしたり親子でたくさん走ったりなどしていたそうです。そんな時、通っていた保育園の運動会の四股を使って旗を回ってくる競技でわが子が最後尾になってしまったとのこと。ショックを受けて、子どもの育ちと運動の関係についていろいろ調べていくうちに、何と、脳科学に出合ったそうです。

彼は、お子さんがはいはいをし始めたとき、少しでも早く歩けるほうが運動神経の発達に良いと思い、はいはいをあまりさせずに歩行器を使わせて歩く練習をさせてしまったそうです。はいはいで培われるはずの手足の協調がうまくできず、結果的にお子さんの脳梁への刺激が不十分となって競技最後尾の出来事につながったのではないかという考えにいきついたそうです。今、乳幼児施設でこの歩行器はほとんど見なくなりました。

子どもは、自分の体の発達に即した動きや遊びをさせながら育てていくことが大切なのだ、ということがよくわかるエピソードですよね。

あんよができるようになった1歳代の子は、トコトコ歩きからスタスタ歩きになり、それが2歳の前半くらいになると、タタタタッと走るようになりますね。ママが「じっとしていてね」といっても、ちょっとのすきがあれば走るのが2歳児です。保育士としての目線からいうと、2歳児のあの行動は、「走ることによって自分の体のバランスをいかにうまくとるか」ということを真剣に学習していると見て、まず間違いないと思います。

はいはいが上手だった子は、たっちしてあんよを始めてからも左右のバランスをとりながら上手に歩きますし、転ぶときでも顔から転ばず、ケガをしないようとっさに手が出て上手に転ぶことができるものです。さらに、たくさんはいはいしてたくさん走った子というのは、瞬発力も鍛えられますので、歩いているときに突然横から人が出てきたりしてもパッと避けることができ、なおさら怪我をしにくくなる……というわけです。これから大人に向かって大きくなっていく過程で、危険からサッと身を守り、命を守るためにどれだけ自分の体を動かせるのか、まさにこの時期に、子ども自身が試しながら学習していくのです。


もっと早くにこれを知っていたら……という声も聞こえてきそうですね。

脳の働きと子どもの育ちの関係からいくと、はいはいの時代がきたら、はいはいをたっぷりさせて脳梁を鍛えておくと、その後のたっちやあんよが上手になり、走ることや転ぶことも上手にできるということです。

そして、2歳の〝走れ走れ〟時代がやってきたら、「限られたスペースの中でどれだけ子どもの体をじゅうぶん動かす活動をさせてあげられるか」ということが、とても大切になってきます。公園でも広場でも、室内より広い場所で〝走って遊ぶ〟活動をたくさんさせることが、「自分の体を巧みに使って身の安全を守る」ということにつながっていくのです。

子どもを乗せるバギーは、ママやパパにとってはとても便利な育児用品ですが、子どもが2歳の〝走れ走れ〟時代になったら、買い物など本当に必要なとき以外はバギーを使わず、なるべく歩かせるようにしてあげたいものですね。

2歳児のみならず、ましてや3歳以上になっても街中でバギーに乗っているお子さんを目にすると、正直、大丈夫かな？　って思ってしまうことがあります。

先日、こんな光景を目にしました。4歳くらいのお子さんが、電車の中でバギーに乗せられていたのです。そのお子さん、どうやら外の景色を見たいらしく、いっしょにいるママにそのことを訴えているのですが、ママはスマートフォンを見ながら「あと駅5つで降りるから」などといってがまんをさせ、お子さんをバギーに座らせっぱなしにしていたのです。

でも、考えてほしいのです。バギーに乗せられている4歳の子の気持ちを。

その子は自分の視界に何が映っているかというと、電車に乗っている大人のおしりですよね。ママにとってはほんの短い移動時間ですが、その子にとっては何の豊かさにもつながらないと思いませんか？

4歳の子と電車に乗るときは、こうしましょうよ。

まず、子どもはバギーに乗せず、歩かせましょう。そして、電車に乗るときには子どもの手をしっかり握りながら「電車とホームの間はこれだけ空いているね」「しっかり足を広げて乗るのよ」などと教えてあげながら、ゆっくり車両に乗り込みましょう。このような体験を何回もしながら、子どもは「自分の身を守りながら行動する」ということを覚えていきます。そして電車に乗り、席があいていたらいっしょに座り、窓の外を眺めて「あ、今、橋を渡ったね」とか「新幹線だよ！」など、景色を見ながらあれこれ楽しくお話しましょう。私たち大人からするとほんのささいなやりとりですが、子どもにとって、ママとこんなふうにいっしょの時間を過ごすことは何よりもうれしく、心が満たされるものなのです。

発達するべき期間にそのタイミングを逃すと、あとから取り戻すのは大変！

余談になりますが、子どもの成長過程において、はいはい↓たっち↓あんよ↓走る……など、運動の面での発達について考えたとき、本来発達すべきときになんらかの事情でそのタイミングを逸してしまうと、その遅れをとりもどすには倍以上の時間がかかることがあります。保育園時代の印象的なエピソードを紹介しましょう。

ある男の子が１歳児クラスにいたのですが、その子のママは足が不自由だったのです。男の子が１歳くらいでよちよち歩きのころまではよかったのですが、どんどん歩くようになってきたらママがその子の歩く速さに追いつけなくなり、その子はやむをえず、ママにバギーに乗せられて通園していました。

その後２歳になり、その子にも〝走れ走れ〟時代がやってきました。しかし、保育園で過ごす様子を見ていると、その子は自分から走ることは走るのですが、どうも転び方が上手ではないのです。おでこやほほ、鼻をすりむくなど顔のけがが多くなりました。ある日、とうとう走っている最中に顔からズデンと転んでしまい、地面に歯を打ちつけ前歯がグラグラになってしまいました。

その日の職員会議でその子のケースについて話し合ったとき、その子は他の子に比べてバギーに乗っている時間が長く、歩けるようになった時代にたくさん歩いてこなかったから、転ぶという体験があまりできなかったのではないか、だから、自分が走っていて転んだとっさのときに手が出ないのではないか……という意見にいきつきました。皆で「なるほど、そうかもしれない」となり、数日後、担任が保育の中にその子も含めてクラスのみんなで〝転ぶ遊び〟を取り入れたのです。

先ほどもお話したように、2歳児というのは、ただひたすら走るのが楽しい年代です。2歳児クラスでは、人工芝の広場で先生が「はしれ〜!」と声をかけて子どもたちを思う存分走らせ、「とまれ〜!」と合図を出すと皆でぴたっと止まるという遊びが大好きでした。この遊びの中に、先生がかける号令に、新たに「ころべ〜!」を取り入れたのです。

すると、やはり私たち保育士が思っていた通りのことが起こりました。歩いたり走ったりをたくさんしてきた子というのは、「ころべ〜!」といわれると、本当に上手に、まるで野球のスライディングをしているように上手に転ぶのです。

それに対し、その子の転び方は、まさにおそるおそる、カクンカクンとひざをつき、手を出し、ゆっくりと体をのばして転ぶ感じだったのです。そのとき、その子に保育士が直接「ケンちゃん、ころぶときはこうしてころぶんだよ」って教える方法もあったと思いますが、いわれてできるものではありません。それよりいわれたその子にしてみれば、自尊心も傷ついてしまいますよね。クラスのみんなで走る遊びをしているなかで自然に〝転ぶ遊び〟を入れたことで、その子に無用なプレッシャーをかけることなく転び方を体験させていくことができたのです。

ただし、その子の転び方が上手になるまでに、毎日一回はこの走る遊びを取り入れていき半年以上の月日がかかりました。

脳の発達と子どもの育ちを重ね合わせて考えれば考えるほど、ママやパパをはじめ私たち大人から子どもへ、きちんと、そしてていねいに、子どもが自ら育つためのたくさんのメッセージを発信してあげることの大切さを実感しています。

今はとてもかわいいあなたのお子さんも、30年後くらいには、日本を背負《しょ》って立つ頼もしい存在となるのです。子どもと過ごす〝今〟を楽しみながら、同時に子どもの未来にも目を向けながら、子どもたちのために、今、何をしてあげられるかをいっしょに考えていきましょう。

衝撃！　愛情を受けずに育った子の脳は小さく、しわも少ない

もう少し、子どもの育ちと脳の発達について、お話させてください。ここでは、子どもの育った環境と脳の発達の変化についてお話しましょう。

左頁に掲げた脳の横輪切り断面図を見てください。これは3歳児の脳なのですが、左側が正常に発達した3歳児の脳、右側が、共産主義政権時のルーマニアの孤児院で育った3歳児の脳です。左側の、正常に発達した3歳児の脳は、円も大きくみっしりとつまっているのがわかります。それに比べて右側のルーマニアの孤児院で育った3歳児の脳は器も小さく、すき間もあり密度の低さが見てとれます。脳自体が大きくなれず内容も活発に発達できていなかったことがよくわかります。

３歳児の脳の断面

悪待遇の脳への影響

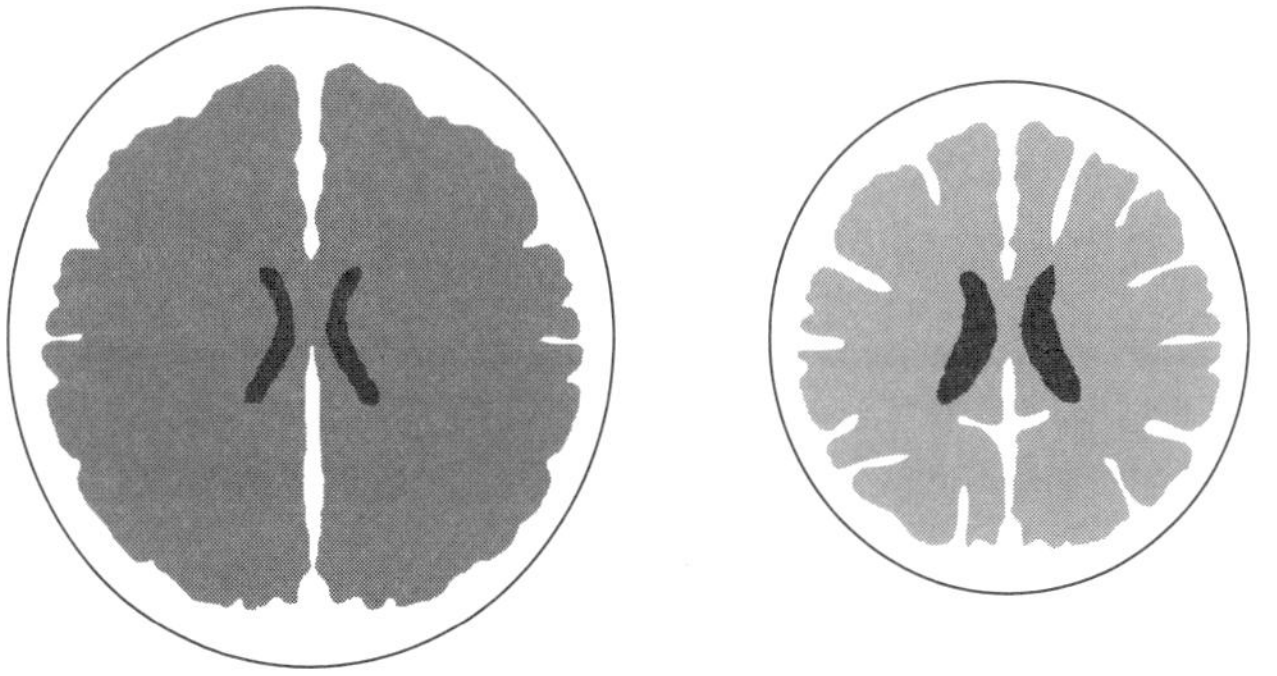

３歳児のノーマルな子の脳

３歳児のネグレストの子の脳
①脳の大きさが小さい
②すき間が多く、しわも少ない

出典：Image from Bruce D.Perry, MD, PhD, The Child Trauma Academy

なぜ、ルーマニアの孤児院で育った子の脳がこのような例に出されるかというと、ルーマニアは、共産主義政権中のときに国を挙げて「産めよ増やせよ」政策を打ち立て、当時の母親たちは、子どもをたくさん産みました。そして、「子どもたちは国の物だから」と施設に収容し、施設で育てて国を守るための丈夫な兵士にしようとしたそうです。ところがルーマニアは、民主化運動で交代しました。

その結果、たくさんの子どもたちが親と死に別れたり、親が行方不明になったりして、孤児院に残ることになりました。その孤児院の生活は、一例として何と、立てるようになった2歳くらいの子たちをすのこに並ばせ、そこにホースで水をかけ、入浴のかわりにしていたそうです。

身近な人からのたくさんの愛情が必要な乳幼児期に、人間らしい扱いをされなかった子どもたち。だから、このような脳になってしまったということなのです。

その後、「子どもに罪はない」ということで、施設で育った子どもたちは各国が援助し、アメリカなどに住む里親に引き取られ、心を込めて育てられたそうですが、脳が育つ大事な時期に受けたダメージがあとあとまで影響を与え続け、脳が回復するのは困難だったといいます。この衝撃的な事実を知っていただけただけでも、乳幼児期に育つ環境の大切さがよくわかり、さらに脳は、その時々の発達のステップを持っているということもおわかりいただけたと思います。

子どもの育ちに親はどうかかわっていくのか

助ける、支える、見守る、働きかける～援助の四つの方法とは～

いかがでしたか？　子どもの育ちと脳の働きのお話。

子どもは自ら「育とう」という力を持って生まれてきてくれること。

子どもの育ちは脳の発達と深く関係し合っていること。

〝三位一体の脳〟である脳幹、大脳辺縁系、大脳をはじめ、脳のあらゆる部分がもっとも発達する０～６歳のときの親（大人）から子どもへのかかわり方が、その子の成長にとって非常に重要であること。

乳幼児の子育てのさまざまなことについて、ご理解いただけたことと思います。

ここでは、今までお話してきたような子どもの育ちに対して、親はどのように援助していけばよいのか、その基本の考え方について具体的にお話していきましょう。

親が子どもを援助する。その方法は、大きく分けると四つになると思います。

①助ける

②支える
③見守る
④働きかける

一つひとつ、例をあげてお話していきましょう。

援助の方法、一つめの「助ける」。

これまで0歳でねんねばかりだった赤ちゃんが成長し、だんだん体を動かせるようになるとはらばいができるようになります。次にはいはいで前に進みたくなって、一生懸命前に手を出しますよね。このようなとき、ママやパパはどのように赤ちゃんにかかわればよいと思いますか？

赤ちゃんがはいはいしている姿を思い浮かべてみてください。はいはいは、足で蹴《け》らないと前に進むことができないですよね。右手を出したら左足で蹴って……それを赤ちゃんがわかったらようやく、交互に動くようになってはいはいが上手にできるようになるのですよね。

この「蹴る」という動作を、まだ自分で体得できていない、懸命に頑張るのになかなかできない赤ちゃんに対して、ママやパパがそっと援助してあげればよいのです。

では、どのように援助してあげましょうか。そうです。赤ちゃんの足の裏からぎりぎり近くのところに手のひらを近づけて、足で蹴る壁を作ってあげるといいですね。赤ちゃんは、壁がわりのママの手のひらを足で蹴ることができて、ぐんと前に進めるのです。このとき赤ちゃんは「蹴る」ということを体感するわけです。そして、「やった！」と、かわいい笑顔を見せてくれるでしょう。そうです。これが、「助ける」なのです。


次に、食事を例にあげてお話しましょう。

生後10カ月くらいになると、子どもは握る、つかむ、つまむなど手先が器用になってきて、「自分で食べたい」という気持ちもめばえ、「手づかみ食べ」を試みようと一生懸命になりますよね。このときママは、どのようにかかわればよいのでしょうか。ママは、「子どもがこぼして汚さないように」と大人の判断で食べさせていますよね。でも、そこで発想を変えて、手を使いたい子どもにきゅうりやパンをスティック状にするなどして、子どもが手づかみで食べられるようないろいろな工夫をしてみてください。そして子どもに「自分で食べている」「食べるのは楽しいな」という実感を味わわせてあげてください。

これが、この時期の「助ける」ということなのです。

自分でできることが増え始め、好奇心いっぱいの子どもの思いを認め、上手に助けることで、子どものやる気を上手に実現させてあげる、これが将来の自立につながっていくのです。


子どもへの援助の方法の二つめは、「支える」。

子どもが1歳くらいになってよちよち歩きを始めるようになると、近くの公園などに出かけて遊ぶようになりますよね。自分の体が自分の力で動かせるようになった子どもは、とにかくあちこち動き回って冒険をしたがります。

たとえば、すべり台に登ろうとしたり、池のふちに立ったり……。ママやパパは、そんなわが子の姿を目にすると、走っていって「あぶない」と口に出し、「ケガするから、ダメ、ダメ」と、すべり台に登ろうとしたり乗り出したりする子どもの体を抱いて安全な所へ移してしまいます。それは、「子どもが危険だから」というママやパパの気持ちからですよね。でも、ママやパパのこれらの行動は、先ほどお話した1歳代＝Want の時代の子どもの「やってみたい」という気持ちを一瞬につみ取り、子どもの育ちにとってとても大事な〝自分で経験する〟チャンスを消し去ってしまいます。

では、ママやパパはこんなとき、どのような方法で子どもの気持ちに寄り添えば良いと思いますか？

よちよち歩きの子どもがすべり台に登ろうとしたとき、池をのぞきこもうとしたときは、「ヨイショ、ヨイショする？」と、登らせてあげましょう。そのとき、ズボンやスカートの後ろをしっかり持ってあげればよいのです。あぶなくなったらスッと手前に引いて、落ちるのを防いであげればいいのです。

子どもが落ちてもケガをしないように、そっとズボンやスカートの後ろを持ってサポートすること。これが、「支える」ということです。子どものやる気を受け止めて支えてあげれば、子どもの「やりたい」という気持ちに寄り添うことができます。そしてママやパパは、「すごいね。すべり台にのぼれたね」「池に大きな鯉がいるね」などと話しながら、わが子と楽しいひとときを過ごすことができるのです。この「自分でやれた！」という体験が次なる子どもの体験の幅を広げる意欲になっていきます。子どもへの見方を少し変えることで、親も子も、より深い時間を共有することができますね。

援助の方法の三つめ、「見守る」。

この「見守る」という援助の方法は、ママやパパにとっていちばん苦手なのではないでしょうか。

子どもの大好きな遊びの一つである積み木を例にとってみましょう。2歳くらいの子が積み木を積み上げたくて、でもまだ手先が思うようにならなくて上手に積み重ねることができないながらも、集中して遊んでいるときがありますね。親としては、積み木が上手に積めないわが子の様子を見て、つい「積み木はね、こうやって重ねるんだよ」と、子どもの目の前で積み木を重ねてあげてしまいたくなりませんか？　でも、ここで考えてみましょう。このような援助の方法は、子どもの集中力を途切れてさせてしまうことになるのです。事実、親が先ほどの積み木を積み重ねてしまったとたん、子どもはそれまでの遊びに興味を失い、その場を去ってしまうことが多いのでは、と思います。

子どもが真剣に遊んでいるときというのは、自らの意志で何かを学習しているときです。子どもといっしょに楽しく遊ぶことも親の役割ですが、子どもが一人で真剣に何かの遊びに集中しているときは、ママやパパは少し後ろに下がって、じっくり「見守る」。

このスタンスで援助してあげることが大切です。

援助の方法、四つめの「働きかける」。

こちらも、具体例でお話しましょう。

はいはいが少しずつできるようになってきたとき赤ちゃんが大好きなオモチャを少し前に置いて、はいはいを促してオモチャを取らせようとしたりしますね。もっと成長してあんよが2、3歩できるようになったら、ママやパパが少し前に立って両手を広げて「こっちにおいで～」と子どもがこちらに向かってくる様子を見守りながら少しずつ後ろに下がって、あんよを促すような行動、これらは立派な「働きかけ」です。

子どもにとって、ママやパパからのこのような自然な「働きかけ」は、成功の喜びにつながりますから「もっと自分でやってみたい」という意欲をどんどん促すことになっていきます。できたときは「上手！　上手！」「やったねー」と大いに喜びを表現して、たっぷりほめてあげてください。抱いてあげてください。脳は「ほめる」というごほうびをもらうとますます活発化して、ドーパミンがどんどん出てくるのですよ。

ポイントは、あくまでさりげなく、子どもができる範囲で、ということ。お子さんの発達に応じて、いろいろ働きかけてあげてくださいね。

以上、子どもの援助の方法四つについてお話してきました。大前提として大切なのは、どの援助を行うにしても、子どものやりたい、試してみたい思いを認めてあげることです。これを忘れずに、賢く助けて、支えて、見守って、働きかけてあげましょう。気をつけていただきたいのは、その思いの受け止め方です。

子育てボランティアの方から聞いたのですが、とある3歳の子のおうちにおじゃましてその子のお世話をしたときのことです。

3歳さんなのに、その子は部屋の中でいすに座ったままじっと動かないんですって。そして、オモチャなど何か自分の取りたい物があると、それを指差して「うんうん」っていうだけなのだそうです。

これはかなり極端な例だとは思いますが、親子の観察をしていたボランティアさんは、「その子のママは、わが子をかわいいと思うあまり、赤ちゃん時代から、出される欲求をすべて先回りして何でも手伝ってあげてきてしまったのだと思います」といっていました。本来、子どもは欲しいものがあったら自分で歩いて取ってきます。でも、いつも先回りして大人が与えていたら、自分で取りにいく意欲をなくしてしまい、その結果、まわりの大人に指示を出して取ってもらうという習慣、かたくいえば判断力を身につけてしまったのではと思います。

似たような例をあげると、離乳食時代にお子さんが自分でスプーンを持ちたがったり、手づかみで食べたがったりの時期がきたとき、「食事のマナーのきちんとした子に育てたいから」と手づかみなどを一切させず手を出すと「ダメ！　ダメ！」と強く禁止したそうです。結局その子は１歳６カ月を過ぎても、食事の時間になるとつばめの赤ちゃんのようにお口だけ開ける子になっていました。

小さいうちは、できないことが多いだけに、ママやパパはゆっくり待てずに手伝ってあげたり、禁止したりしてしまいますが、手伝い過ぎや過度の禁止は、その結果として子どもの大事な自立の芽を奪い取ってしまうことになるのです。じゅうぶん注意したいものですね。

2歳代はあまのじゃくの時代
イヤイヤ期の2歳の子どもにどう向き合うか
子どもの思いを認めるということ

子どもの思いを認めてあげる……でも、これがいちばん難しい時期というのは皆さんご存知なように、イヤイヤ期の2歳代なのではないでしょうか。

ここでは、乳幼児期でママがいちばん手を焼く時代といわれている2歳児の話を中心に、いっしょに考えていきましょう。

2章でもお話したように、2歳という時期は、脳の発達という視点から考えると、自分のまわりのさまざまな刺激にシナプスがつながり、その数が爆発的に増える時期です。0～1歳にかけて、ママやパパとじゅうぶんかかわり合ってきた子ならなおのこと、自分に自信がついて自己肯定感が育まれているので、自己主張が強くなり自分の考えを持って頑張り通す時期です。言葉もどんどん出てくる反面、言葉だけで伝えきれないことも多く、そこでまた衝突が起こりやすくなります。

私の保育園園長時代も、２歳児のお母さんのさまざまな悩みを本当にたくさん聞いてきました。例えば、「うちの子、朝、保育園に連れて来ようとするタイミングで、リビングにミニカーを並べ始めて動こうとしないんです。朝からケンカ状態です。これまで『行くよ～』というとすんなりついてきてくれたのに、どうしてこうなってしまったのでしょう。私の育て方が悪かったのでしょうか」などという相談です。

こんなとき、私はいつもこう答えてきました。

「こういう時期がきちゃったのよ。２歳というのは何にでもシナプスがつながる大事な時期で、頭の中は火山が爆発している状態なのよ。お母さんの育て方が悪いわけじゃないの。だから、ツノを出して怒らないであげてね」って。

朝、子どもを保育園に連れていくいちばん忙しい時間帯に、ミニカーを並べようとする２歳の子。その子をしかりつけて、無理やり保育園に連れて行こうとするママの気持ちもよくわかります。でも、これでは子どもの「やりたい！」という気持ちを強引におさえつけていると思いませんか？

だって、そうでしょう。ママだって、たとえば自分が好きな本を夢中で読んでラストの

1ページにさしかかったときにご主人に「お茶入れて！」などといわれたら、「えっ？」って思いますよね。それと同じなんですよ。

大人だって、自分が集中しているときに横槍を入れられたらイラッとするのに、シナプスが猛スピードでつながって頭の中が大爆発状態の2歳の子にとってみたら、ママの「行くよ～」に上手に対応できるはずがないですよね。

それでは、こんなとき、どのように対応してあげたらよいのでしょうか。

朝の慌ただしいひとときにでも、

「じゃあ、ミニカーを1列だけ並べたら、おうちを出ようね」

などと、子どもの「やりたい」という気持ちを受け止めながら方法を編み出す工夫が求められますね。

そして1列並べ終わったら、間髪を入れず、

「やった！　できたね！」

とほめて拍手してあげて、達成感をいっしょに喜びながら、

「さあ、保育園に出かけるよ」

と家を出発してみてください。

お子さんの「やりたい」という気持ちが１００パーセント満たされるわけではありませんが、自分の気持ちを少しだけでも受け入れてもらったことによって、気持ちに〝折り合いをつける〟ということを学ぶことができるのです。これを繰り返すうちに、子どもは子どもなりに、自分の思いを伝えたり、がまんしたりする力が少しずつ育まれていくものです。

もうひとつ、例を出してお話しましょう。

スーパーに買い物に行ったとき、

「あのアンパンマンのラムネが欲しい」

とママに訴えても聞き入れてくれないときなど、床にひっくり返って泣いている子がいますよね。この、ひっくり返って泣いているときの子どもの状態というのは、興奮ホルモン、緊張ホルモンとして知られるアドレナリンがものすごくたくさん出ている状態なのです。アドレナリンは、自分にとって嫌な刺激が入ってきたときにはたくさん出ます。自分は「欲しい」と思っているのに、ママから頭ごなしに「買いません」と拒絶され、脳の中が興奮状態になってしまっているんですよね。

こんなとき、あなたなら、どうしましょうか。

「だめ！　買いません」と拒絶したくなる気持ちをぐっとおさえ、

「アンパンマンのラムネ、欲しいよね」

って、まずは子どもを抱きしめてあげてほしいのです。

「そうか――。ママもアンパンマン大～好き。大好きなアンパンマンのラムネ食べたいよねー」

と、子どもの気持ちに共感して受け止めてみてください。すると、子どもも少し安心して緊張がほどけてきます。

そして、泣きがトーンダウンしてきたころを見計らって、

「落ち着いた？　ママのお話聞ける？　ママもアンパンマン大好きだし、一緒にアンパンマンのラムネ、食べたいよ。でもね、まだおうちにあるよね。だから、おうちにあるトーマスのラムネが食べ終わったら、また買いに来ようよ」

と、やさしく落ち着いた言葉で順に説明してあげるのです。

でも、最初にママ自身が深呼吸してでも落ち着かないと、効果はうすいので気をつけてくださいね。先ほどのミニカーのお話と同様に、これで子どもの気持ちが１００パーセントおさまるわけではありませんが、大切なのは、まずは子どもの気持ちを認めてあげるこ

となのです。頭ごなしに「だめ！　買いません」と拒絶してしまうと、子どもにとっては「ママに無視された」という不快感だけが残ってしまいます。間違っても親の気分や、まわりの目が気になって叱りとばすのはダメですよ。逆効果になってしまいますからね。

イヤイヤ期という、２歳から3歳くらいの子ども特有の発達の節目。この時期に、しっかりと大好きな人との思いの衝突を経験し、それを乗り越えていきながら、子どもはがまんするという心の土台をつくっていきます。自分が抱く気持ち、自分の欲求を受け入れてもらいながら、家族やまわりの人たちのいうことにも耳を貸し、受け止めていくことを通して、思いやる気持ちを育んでいくのです。

ママやパパにとっては大変なイヤイヤ期ですが、見方を変えると、〝その子らしさが出てくる時期〟でもあるのです。子どもの〝イヤイヤ〟に遭遇《そうぐう》したら、「ああ、またシナプスがつながっているんだな。この子にはこんなところがあったんだな」と、わが子の個性を感じつつ、親もこのやりとりを乗り越えていきましょう。

２歳の子と親の関係は、野球にたとえていうと、子どもがピッチャー、親はキャッチャー。豪速球であるほど、キャッチャーはミットを手早く後ろに引かないと受け取れません。キャッチャーの親は、ちょっと後ろに下がって子どもが投げてくる直球を「あら、そうお〜」などとゆったり受け止めてあげましょう。それを繰り返し続けることによって、子どもも、親も、いっしょに成長していくことができると思います。

体も心も大きな成長をとげる乳幼児期は、これまでお話してきたように、子どもの脳も飛躍的な発達をとげる時期でもあります。0歳から6歳という時期は、いわば、人として生きていくうえでの〝基礎がため〟の時期といえるのではないでしょうか。脳が飛躍的な発達をとげるこの時期だからこそ、親であるママやパパは、「私たちの子育ては、これでいいのだろうか」と悩んだり、「この子はいつになったら◯◯ができるようになるのだろう」と不安に思ったりすることもたくさんあると思います。でも、子どもを愛し、子どもが自ら生きるために表してくるさまざまなサインに根気よく、ていねいに向き合い、これから生きていくうえでの土台さえしっかりつくっていけば、ここから先は、どんな嵐が来ても倒れないようになるものです。

あせらず、それぞれの家庭のペースで、〝子どもを真ん中〟に置いた、温かで心地よい時間を過ごしていきましょう。

第4章　愛着行動こそ、自立に向かう第一歩

愛着行動ってなんだろう？

子どもが「ママ（大切な人）のそばにもっといたい」気持ちを表す行動

1、2、3章で、子どもは生まれながらに〝自ら育つ〟力を持っていること、子どもの育ちと脳の発達には深い関係があること、脳の発達から考えると、0歳から6歳という乳幼児期の親と子のかかわり方、まわりの人々とのかかわり方がとても大切であるということをお話してきました。

この章では、これまでの子どもの育ちと脳の働きのお話をふまえたうえで、親子の「愛着」についてお話していきたいと思います。

「愛着」という言葉、ご存知ですよね。あなたもこれまでに、聞いたり、使ったりしたことがあることと思います。

私たちは毎日の生活の中で「ここに来ると心が安らいで、この場所にはとても愛着を感じる」とか「なぜかこの服に愛着を感じて捨てられない」……など、しばしば〝愛着〟という言葉を使います。特定の人や物、場所や地域などに心情的なつながりを感じたときに使う言葉ですね。

それでは、子育てにおける〝愛着〟とは何を意味するのでしょうか？

生まれたばかりの人間の赤ちゃんは、ゴリラやチンパンジーなどの哺乳動物に比べると、立つことも、歩くこともできません。ところが、これまでお話してきたように、赤ちゃんの脳は生まれた直後からぐんぐん発達していき、ママやパパをはじめ身近な人が自分のお世話をどのようにしてくれるかという、〝人とのやり取り〟に、とても敏感な能力を持っていることがわかってきました。

親子間の「愛着」とは、学術的には、

「親、あるいはそれに代わる重要な人との間に繰り返し行われる日常的な世話などを通して、子供の中に形成される心理的な絆」

「子どもが不安を感じたり、危機的状況に置かれたとき、特定の人との近接を求めて自己の生存と安全を確保しようとすること」

ということになります。

よりわかりやすくいうと、愛着とは、子どもがママやパパに「もっとそばにいたい、かかわりたい、認めてもらいたい」という気持ちのことをいいます。そして、〝愛着行動〟

とはこのような気持ちを表す行動のことをいうのです。

保育士など子育て分野の専門家の間では、「親子の愛着」という言葉はこれまでもごく一般的に使われてきましたが、いわゆる世間一般的に「親子間の愛着」という言葉が使われ出したのは、私の記憶では、2、3年くらい前のある新聞記事で目にしたのが最初だったように思います。

同じ頃、精神科医の岡田尊司《たかし》先生が『愛着障害〜子ども時代を引きずる人々』（光文社新書）を出版し、話題になりました。

保育にたずさわる専門家として私もその本を読んでみましたが、その本には、このようなことが書かれています。

子どもは、生後6カ月からだいたい3歳くらいまでに、ある特定の人物……多くの子どもはママだと思いますが……と「愛着関係」を結ぶといい、その信頼関係を結んだ人を「安全基地」として、少しずつ、世界を広げていきます。冒険心を持って一歩外に出て、もし悲しかったり、苦しかったりしても、泣きながらその「安全基地」に戻ればいいのです。そこでは必ず愛されていて、かならず抱きしめてなぐさめてもらえるからです。

　このようにして十分甘えたら、また外の世界に冒険の一歩を踏み出す。そうして人というのは自分の世界を広げていくのです。

というようなことでした。

まさに、親子の愛着を端的に、上手に表現されている文章でした。

それでは、子どもの愛着行動とは、具体的にどのようなものなのでしょうか。子どもの成長の経過に沿ってお話していきましょう。

赤ちゃん時代の愛着行動
あやしたり、「いないいないばぁ〜」をすると喜ぶ

　3章でもお話しましたが、赤ちゃんは、生後2〜3カ月くらいになると、ママやパパがにこっと微笑みかけたり、あやしてあげると笑うようになります。実は、これが愛着行動

なのです。

また、2章のところで、赤ちゃんは、

「おなかがすいた～」

「ねむいよ～」

「おしりが気持ちわるいよ～」

など、自ら育つために「泣いて」ママやパパにサインを送ってくるとお話しました。

この、赤ちゃんの泣く行為ですが、自ら育つための、生きる欲求としての泣き方以外に、「寂しい」「もっとそばにしてほしい」という気持ちを表す泣き方もあるのです。

先ほどお話したように、赤ちゃんは、生後3カ月ごろにかけて、ママやパパや信頼関係を結んだ人（以後、ママやパパの表記にはこの特定の人も含まれます）にあやされると手足をバタバタさせたり、声を出して笑ったりして全身で「遊んでもらってうれしい」という行動をしますが、遊びが終わったあとで、ママやパパがその場を離れるとどうなると思いますか？

そう、また、泣きますよね。……これが、愛着行動なのです。「ママやパパに、もっとそばにいてほしいよ～」「もっとかかわりあいたいよ～」という気持ちを、泣いて表現しているのですね。

その後、生後４カ月くらいになると、赤ちゃんはすでにママやパパとかかわる楽しさをじゅうぶん体験しているので、日中起きているときにママやパパが自分のところに近づいてくると、ママやパパをじっと見つめながら微笑みかけてきて「遊んでちょうだい！」というサインを出します。

赤ちゃんのかわいい微笑みを受け取るとママは、つい抱き上げて歌を歌ったり、ゆらゆらとゆすったりして相手をしますよね。すると、赤ちゃんはまた喜びます。そしてこの時期くらいから、ママやパパといった自分の身近な人から「いないいないばぁ～」をされると喜ぶようになります。

でも、知らない人から「いないいないばぁ～」をされたとしたらどうでしょう。喜ぶ子はまずいませんよね。いつも自分のそばにいて、自分が出すサインに応えてくれる大好きな人が、「いないいない～　ばっ」って出てくるから、うれしくて笑うんですよね。

大好きなママやパパによるこのような働きかけに、うれしい気持ちを表すことというのは、親子の間で順調に愛着の絆が形成されつつあるということです。わが子がすくすく育っているのだなぁと、ママは大いに自信を持っていいのです。

その後、生後5～6カ月くらいの赤ちゃんが、ママといっしょにお出かけしたときなどに知らない人に会うと、その人の顔をじっと見つめて表情を変えたり、その人から目をそらしたり、ママから離されないようにしがみついて警戒したり、ときには泣いたりしますよね。これらはいわゆる、〝人見知りです〟。実は、この人見知りも、愛着行動の一つなのです。

この時期の赤ちゃんは、見慣れない人に抱かれると泣き続けたりします。泣き続けていても、ママが代わって抱くとピタリと泣き止みませんか。これは自分にとって生きていくうえで大切な人だとママを認識した証です。

このような、人見知りという愛着行動を示した赤ちゃんに、ママ（大切な人）はどのように対応すればよいのでしょうか。

人見知りをして泣いてこわがっている赤ちゃんは、不安なのです。赤ちゃんのこの気持ちを察してしっかりと抱き、「よしよし」となぐさめてあげましょう。大好きなママ（大切な人）のこのような対応で、赤ちゃんは「ママのそばにいれば何があっても大丈夫」「ママ（大切な人）はいつも自分を守ってくれる」という思いを、ますます深めていくのです。

こうして、赤ちゃんにとってママ（大切な人）は「安心感のよりどころ」となっていくのです。

このくらいの月齢の、人見知りまっさかりの時期の赤ちゃんのなかには、たまに会うおじいちゃんの顔を見ただけで泣き出してしまう子もいます。

孫を大事に思い、だっこしたりいっしょに遊ぼうとしてくれるおじいちゃんにわが子が人見知りすると、ママはおじいちゃんに申し訳ない気持ちでいっぱいになってしまいますし、気まずいですよね。でも人見知りは「愛着行動」なので、子育ての仕方がまちがっていたわけでも、子どもが好き嫌いが激しいというわけでもないのです。

子どもに泣かれてしまったおじいちゃんには、

「おじいちゃん、今、人見知りが激しい時期なんです。もう少し大きくなったら落ち着くと思うので、すみません」

などと説明し、理解してもらうのがよいでしょう。

おっぱいやミルクをごくごく飲んで、表情も豊かになるまんまる顔のこの時期の赤ちゃんは、いっしょにお出かけすると、「まあ、かわいい赤ちゃん」などと声をかけられる機会も増えてくるでしょう。

ママは、赤ちゃんが人見知りの時期だからといって外出をさけようとはせず、ゆったりとかまえて、積極的に多くの人と接して楽しい会話をしましょう。

そして、ママがその人に親しい感情を持っていること、幸せな気持ちでいることを感じる体験こそ大切です。その人がママにとって〝楽しそう〟であれば、赤ちゃんも安心して受け入れられるのです。

こうして、知らない人と赤ちゃんの距離が少しずつ縮まってきたら、赤ちゃんの手に軽くふれてもらったりして、ちょっとしたスキンシップを楽しんでみるのもよいでしょう。

愛着が形成され、人見知りが出始めた赤ちゃんは、このような経験を繰り返しながらママ（大切な人）を「安心感のよりどころ」として行動範囲を少しずつ広げていきます。そして、だんだんと他の人をも不安なく受け入れることができるようになり、いろいろな人との接近や接触を求め始めるのです。同時に、赤ちゃんとママ（大切な人）との愛着の絆はその後もどんどん強くなり、乳幼児期に形成されたこの絆は、永続的なものとなっていきます。

愛着が形成されることは、赤ちゃんの心の発達が順調であることの何よりの証です。

泣かない、手がかからない赤ちゃんには、ママやパパが意識してかかわってあげて

ところで、すべての赤ちゃんが、これまでお話してきたように順調に愛着を形成できるわけではありません。なかには、愛着が形成されにくい赤ちゃんもいます。あまり泣かずに手がかからない赤ちゃんは、赤ちゃん自身の表現がとぼしいためママやパパはもちろん大人とのふれ合いがどうしても限られ、たくさん抱っこしてもらうなど手をかけてもらえる機会が少なくなります。さらに、上の子が2歳くらいでイヤイヤ期の真っ最中だったりすると、ママはどうしても上の子への対応にかかりきりで、下の子は結果的に放っておかれ、知らず知らずのうちにサインがとぼしい赤ちゃんになってしまうこともあるのです。

このような赤ちゃんは、ママやパパなど身近な大人との肌と肌とのふれ合いが十分になされず、結果的に愛着の形成が難しくなり、人への関心がうすくなることもあります。

人への関心をあまり示さない赤ちゃんのなかには、先ほどもお話した「安心感のよりどころ」が低いため、1歳過ぎくらいになってあんよができるようになったとき、自分勝手

に好きな方向へ歩いていってしまったりすることもあります。また、ママやパパと手をつないで歩くことをいやがったり、名前を呼んでも振り向いてくれなかったり、外出先で迷子になっても親をさがしたり、泣いたりしないこともあります。

生まれ持った気質や、きょうだいのあるなしなど家庭環境によるところも大きいとは思いますが、泣かない、手のかからない赤ちゃんこそ、ママやパパは意識してかかわるようにしたいものです。

1歳前後子どもの愛着行動〜親の反応を見る

愛着行動について、もう少し、子どもの成長に沿ってお話していきましょう。

子どもは1歳に近づくにしたがって、〝親の反応を見る〟という愛着行動を示し始めます。

子どもは、10カ月くらいのころになると、リビングのテーブルにつかまり立ちをしたりしますね。そのとき、テーブルにたまたま置かれていたハサミなど危ないものに手を出そうとすると、ママが、「いけません、あぶないよ」というと、その手を少しひっこめて親の顔を見ます。実はこれも愛着行動なのです。57～58ページでお話した、電車の中でのエピソードもこれと同じです。

「ママ（大切な人）の表情を読み取ろう」

と思って、親の顔を見て反応を伺っているのです。

これが1歳3カ月くらいになると、高いところからオモチャを落としてみたり、あるいは隣のお皿の果物に手をのばしてみたりして「いい？」と承認を得るような、おもしろがるような目でママやパパの顔色を伺い、その反応を見ながらイタズラをするようになるのです。

そして1歳6カ月くらいになると、今度はママやパパが「いけません」ということに対して、ますますふざけて同じいたずらを繰り返すようになってきます。

わが子のこのような行動を目《ま》の当たりにして、ママがとまどい始めるのが、実はこの時期なのです。

保育園の園長時代もよく相談を受けました。

「園長先生、うちの子、このごろだんだん素直じゃなくなってきて……。まだ1歳なのに、私の顔色を見ながらわざとふざけたりいたずらするんですよ。このまま大きくなって、人の顔色ばかり見る大人になってしまわないか、不安です」と。

そんなとき、私は決まってこう答えてきました。

「お母さん、心配することないですよ。お子さんのその行動は、成長のしるしなのよ。『ママ、僕に（私に）かまってちょうだい』の合図なんですよ」

そうです。繰り返しになりますが、子どもが〝親の反応を見る〟このような行動は、愛着行動の一つなのです。

だからママは、「わが子がすくすく成長しているのだな」と安心していいのです。

それでは、子どもがこのような愛着行動を示してきたときには、ママはどのように対応すればいいと思いますか？

たとえば、子どもがママの反応を見ながら、こちょこちょくすぐってきたとしたら、どうしたらよいでしょう。

答えは簡単です。

ママもいっしょになって、「ママもお返しにくすぐっちゃうぞ～」って、子どもとふざけてみてください。

子どもは、大好きなママとかかわれたことに喜び、安心して、少しすると違う遊びを始めることでしょう。

ママは間違っても、「ちょっと！　やめてちょうだい！」なんて本気でしからないでくださいね。ママの反応を見ながらの子どものちょっかい（からかい行動）は、子どもの成長の証と受け止め、いっしょに遊ぶ感覚で子どもからの「かまってちょうだい」の合図に上手に付き合っていきましょう。

1歳代後半の子どもの愛着行動
～大好きな人のおひざを独占しようとする

いかがですか？　子どもの愛着行動のいろいろが、少しはおわかりになっていただけたことと思います。これまで「どうして、うちの子はこんなふうになってしまったのだろう」と思い悩んでいたことが、実は「大好きなママ（大切な人）ともっとかかわりたい」

というサインだったことを知ると、安心しますよね。

子どもは、その後、1歳9カ月くらいになると、自分以外の子がママ（大切な人）のひざのうえにあがって座ろうとすると、怒って押しのけたりするような愛着行動を示すようになります。

保育園の1歳児クラスを例にとってお話しましょう。

保育園では、1歳児クラスはひとりの担任が5人の子どもの保育をします。子どもたちは、いつもやさしく自分たちのお世話をしてくれる担任の先生が大好きだから、先生が「絵本を読むよ〜」といって床に座ると、早速1人の園児が先生のひざのうえにちょこんと座ります。すると、その光景を目にしたほかの園児も先生のひざのうえをめがけて駆けよってきます。2人は先生のひざのうえで、陣地とりゲームのごとく押し合いを始めますが、先生はふたりにやさしく「大丈夫！　ほら、いっしょにね。先生のおひざは2つあるからね」といって、一つ一つのひざのうえに乗せてあげます。

すると、まもなく3人目の子どもが先生に駆けよってきて、すでにひざのうえに座っているふたりといっしょにひざのうえに乗ろうとしてきます。そんなときは、ひざとひざの間の真ん中にはさんで座らせます。

想像してみてください。

１歳児さんが、先生に包み込まれるようにして絵本を読んでもらっている姿を。

何とも微笑ましい光景ですよね。

こうなると４人め、５人めの子どもも、すぐ先生の元にやってきます。

さすがに先生のひざのうえはもういっぱいなので、先生は、

「よっちゃんはここね。けいちゃんはここね。先生のここで見てね」

と、先生の両肩を指さします。いわれた子どもは先生の背中にペタっとくっついて、左右の肩から絵本をのぞきこみます。

保育士にとって、まさに至福のときですよね。

保育園では、保育士がママのような存在です。だからこそ、１歳児さんは大好きな保育士にこのような愛着行動をとるのです。そして、子どもと保育士の信頼の絆が強ければ強いほど、「ぼくだけ（わたしだけ）先生の肩から絵本を見るのはいやだ」というような行動には出ないのです。そばにいる。温もりを感じる。それで十分満足できているのですね。

家庭で日々、子育てに奮闘しているママやパパにも、同じような経験があることでしょう。

お子さんがひざのうえに乗ってきたら、座らせてあげてくださいね。きょうだいでママのひざのとりあいになった場合は、どちらかの子に「あなたはいま、ママのひざのうえには乗れないよ」などといわず、「いいよ、おいで」と、いっしょに座らせてあげましょうね。

そうです。親は、子どもの気持ちを受け取ること、子どもを「いいよ」と肯定してあげることが大切なんです。

これは私の信念でもあるのですが、子育てにおいては、子どもからのサインはすべて肯定的に受け止め、子どもの良いところを探すことが大切だと思っています。これまで何度もお話ししているように、子どもは〝自ら育つ〟エネルギーを持って生まれてくるのです。ママやパパをはじめ、身近な大人に一生懸命サインを送りながら、前へ、前へとのびやかに進もうとしているのです。

「うちの子はここがダメ」「これができない」……など、まじめで一生懸命子育てをがんばっているママは、どうしても、わが子の足りない部分を探してしまいがちです。でも、それでは子どもの伸びしろを奪ってしまうと思いませんか？

ひとりひとりの子に良いところは必ずあるはずです。

「この子にはどんな良いところがあるのだろう」と探していくことも、ママやパパの楽しみですし、大事な仕事なのではないでしょうか。

愛着行動は、愛着—依存—反抗—自立の芽生えの道筋をたどる

これまでお話してきたことをもう一度振り返りながら、子どもの愛着行動とその道筋について、お話していきたいと思います。

0歳〜1歳時代。赤ちゃんは、あやすと顔を見て笑ったり、「いないいないば〜」に喜んだりしているうちに、人見知りを始めます。この時代の子どもというのは、ママやパパなど身近にかかわってくれる大人は自分と同じ意思を持った人だというふうに、自分と身

近にいる人を一体化していると言われています。自分と同じ、自分が要求したことは、この人も同じ要求をしていると、そういうふうに認識しているらしいと言われています。その人ともっといっしょにいたい、くっついていたいという「依存」は1歳時代にとても強くなります。

これが、「愛着―依存」の時代です。そして、身近な人の愛情をたっぷり受けながら少しずつ成長していくのです。「愛着―依存」を十分体験し、絆を深めていくと子どもは自分への自信が高まり、自分は何でもできる、やりたいという自己主張が強まって、p.118でも紹介しているような、〝イヤだイヤだ〟の2歳児になっていきます。

「愛着―依存」の時代を経て、ここで「反抗―自立の芽生え」となるわけです。

2歳時代。

このころは、自分の主張を何としてでも通そうと頑張る2歳児ですが、体も大きく成長してきて欲求も複雑で、難しいものになってきます。何でも大人に聞き入れてもらえることばかりでなく、「ノー」と否定されること、友だちからもケンカで否定されることなどをたくさん体験していきます。そして、

「あれ？　これまで何でも自分の要求を受け入れてくれた同じ意思を持った人（ママやパパ）が、どうも自分とは違う意思を持った人なのだ」

ということを認識し始めるといわれています。自分と違う人だということは、〝自〟と〝他〟がわかってきたということですね。「自分が欲しいものをママは買ってくれない」など、自分にとって嫌な体験、面白くない体験をしたときに、「もっとこうしてみたほうがいいよ」「貸してっていったら貸してあげようね」など、身近な大人に心地よくなる方法を教えてもらいながら、「自分は自分と違う人たちの中で生きていかなければいけないのだ」「自分と違う意思を持った人と仲良くやるには、どうしたらいいだろう」と、いうことを知っていく入口に立った時代なのです。

この時代に、ときには親子で対立したり、歩み寄ったりしながらさまざまな場面で真っ正面からかかわり受け止めていくうちに、子どもは「なにがあってもママには受け入れてもらえる」という安心感を根っこに、してもいいことといけないことがあること、ときには自分ががまんして待たなくてはいけないことなどに気づき始めるのです。

「がまんして待つ」、実はこれが、２歳児の愛着行動といわれています。信頼の絆が強い関係であればあるほど、その人のいうことをきいて「がまんして待つ」ができるのです。

2歳になればできるということではなく、これまでのかかわりの延長線上に「がまんして待つ」があるわけです。本当は欲しいんだけど、今はやめよう、大好きなママに「あとで」っていわれたからあとにしようなどと、自分で自分の気持ちに折り合いをつける……つまり、これが、「自立の芽生え」ということです。

そう。「愛着」があって、ぴったり「依存」したい時代があって、そして「反抗」ということを体験しながら、でもやっぱり自分の我を通すということがうまくいかないこともたくさんあるんだということや、自分以外の人と仲良くなるためには自分の気持ちを少しずつがまんしなくてはならないことに気づいたときに初めて、「自立の芽生え」にいきつくのです。

いまの時代はいろいろな意味で厳しい時代ですから、「わが子を強い意志を持った子にしたい」なんておっしゃるママたちもたくさんいます。でも、それには、乳幼児期にママやパパなど身近な大人から、愛着行動をたっぷり受け取ってもらうことがまず必要不可欠なのです。

赤ちゃんのころから大人とたくさんかかわり、しっかり受け入れてもらって、安心感や

3歳未満児の愛着行動の発達（白井ほか）

2か月	・あやすと顔を見て笑う ・泣いている時、人が来ると泣きやむが、人が離れると泣く
3か月	・そばを歩く人を目で追う。
4か月	・気に入らないことがあるとむずかって怒る。 ・イナイイナイバーをしてあやすと喜ぶ。
5〜6か月	・部屋にだれもいなくなると泣く。 ・知らない人と会うと、じっと顔を見つめて表情をかえる。
7〜8か月	・要求があると、声を出して大人の注意を引く。 ・ほしいものが得られないと怒る。
10か月	・「いけません」というと、少し手を引っ込め、親の顔を見る。
11か月	・大人のことばを理解して、それに対して反応する。 ・大人のすることを見ていて摸倣する。
12か月	・鏡の中の自分におじぎしたり、笑いかけたり、鏡を相手に遊ぶ。
1年3か月	・親の顔をうかがいながらいたずらをする。
1年6か月	・「いけません」というとふざけてかえってやる。 ・困難なことに出会うと助けを求める。
1年9か月	・大人に鉛筆を握らせ、何か書けという。 ・ほかの子が母のひざに上がると、怒って押しのけたりする。
2年	・ほしいものがあってもいい聞かせればがまんして待つ。

（森上史朗編『乳保育のための幼児心理事典』日本らいぶらりい、1980）

安堵感をたくさんもらった子は、3歳くらいになってお友だちとまじわるようになっても、「自分はとても大切にされている存在なんだ」という、自分に対する安心感や存在意識をきちんと持てているので、友だちの中にすんなりなじんでいけるのです。

そして、仲間の中ですくすく育っていくのです。

愛着―依存―反抗―自立の芽生え。

子どもの成長を知るうえで、この道筋を知っておくことは、とても大切なことだと思います。

乳幼児期に結べなかった愛着の絆は、子どもが成長してからでも結び直せます

それでは、乳幼児期に、親子の愛着の絆をみっちり結べなかった子は、どうなるのでしょうか？

結論をお伝えしましょう。

たとえ、乳幼児期に何らかの事情で親子の愛着の絆を上手に結べなかったとしても、親子がともに結び直しをしようと思えば、愛着の絆はいつでも再び結び直すことできるのです。

保育士時代、児童心理学者の平井信義《のぶよし》先生による発達心理学の集中講義で聞いた印象的なエピソードがありますので、お話しましょう。

平井先生は、発達心理学の専門家として、心に問題のあるたくさんの家族のカウンセリングも行っていたそうです。あるとき、22歳の青年とその母親がいっしょにカウンセリングを受けに来ました。その青年は幼いころから勉強、勉強で、大きくなって有名な大学に

入った後、一流企業に就職して働き始めました。ところが社会に出てみたら、人とのまじわりがうまくできず、仕事もうまくこなせない……ということを母親が気づき、先生の元をたずねたそうです。

親子別々に何回かカウンセリングをしながら、母親は、小さいときからたくさん勉強させることがわが子の幸せにつながると信じて疑わず、その青年に乳幼児期から勉強ばかりさせ、遊びを十分楽しむ時間や親子の温かいかかわりの時間を持てていなかったことが見えてきました。

青年のカウンセリングからは、最初はあまり話してくれなかったそうですが、だんだん親しくなり先生に信頼感を抱くようになってきて、自分の生い立ちをポツリポツリと話し始めたそうです。そして、あるときその青年に先生が、

「今、僕になにしてほしい？」

って聞きました。そのとき青年はなんと答えたと思いますか？

「お昼ねのときのトントンをしてほしい」

と答えたのだそうです。

先生は、

「わかった、わかった」
と青年を受け入れ、カウセリングルームに布団を敷き、青年を横に寝かせ、それ以降は青年の背中をトントンしながら話を聞いたそうです。

これって、まさに、p.85～86で紹介した大脳辺縁系のお話につながると思いませんか？

この青年は、乳幼児期に「親のつとめは子どもにたくさん勉強させること」と思っていた親の元で育てられ、大好きな人からの温もりというものを十分感じず、やりたい遊びを十分やり切った達成感も味わうことも少なかったのです。大人との温かなかかわりの中で獲得していく自己肯定感を育む大脳辺縁系の「視床」に心地よさ、安心感、安堵感がたっぷり埋め込まれていないので、大人になってから、人とのかかわりで気まずいことがあっても、「よーし、がんばってやってみよう」という前向きさが出てこないことに初めて気づくことになったのです。そして、専門家によるカウンセリングを通して、「お昼ねのときのトントンをしてほしい」と、自分が幼いころにしてほしかった思いをやっと吐き出すことができたのです。

根っこが深かったこの問題も、自分たち親子が抱えている問題に気づき、時間はかかりましたが無事に解決されたそうです。

親子の愛着の絆は、乳幼児期にしっかり結ぶことができるのがいちばんです。でも、たとえその時期にしっかり結べなくても、後にお互いが結び直しをしたいと思えば、時間はかかりますが、じゅうぶん結び直しができるのです。

さらに、相手が親でなくても、お互いが結びたいと思って結ばれた愛着の絆は、子どもの人生において大きな力になっていくことでしょう。

大好きな人との愛着関係をベースに、子どもの自立への旅立ちが始まる

愛着の絆こそ、命の源

子どもは、ママやパパなど身近な大人に甘えることから対人関係を知り、依存しながら人を信頼することを学び取っていきます。「甘える」というのは、その人が自分にとって最も必要な相手と感じ、「その人と一体となっていたい」と身を寄せ、心を寄せることです。誰かを好きになったとき、いつもその人のそばにいたい、離れたくないという気持ち

を表すことです。とくに、自分を大切にしてくれる人に対して、子どもは際限なく甘えます。そして、甘えさせてくれる人には安心して自分らしさ、自分のありのままを表せる幸せを感じ取っていきます。この大切な人＝ママやパパや保育士やおばあちゃんなどを「安心感のよりどころ」として、人に対する全面的な信頼を寄せることができるように育っていくのです。

そしてやがて、外界に対する好奇心を育て、探索活動を活発に行う力、すなわち自立していこうとする芽生えが養われていくことはいうまでもありません。

これまでにお話してきた親子の日々のたくさんのやりとりこそ、質の高い愛着の絆をしっかり形成していくのに必要なことなのです。そしてそのことは、人間だけが獲得した前頭前野の健常な発達の土台となって、それ以後の脳の発達に関連していくことになります。人間は、脳で生きています。愛着の絆こそ、命の源なのです。

第5章　「遊び」が子どもを育てるって、ホント？

乳幼児期の子どもはすべて、遊び＝体験学習しながら育っていく

0歳時代は「依存の時代」、1歳時代は「いたずらの時代」

いよいよ、本書の最後の章になりました。ここでは、これまでお話してきた、

●子どもは生まれながらに〝自ら育つ〟力を持っていること。

●子どもの育ちと脳の働きには大きな関係があること。

●乳幼児期の子どもの脳は、ママやパパ、保育者からの愛情を受けながら発達すること。

●子どもが「ママのそばにもっといたい」という気持ちを表す愛着行動は、自立に向かう第一歩であること。

などをふまえ、乳幼児期の〝遊び〟をテーマにお話していきます。

これまで各章でお話してきたエピソードと重なるところもありますが、思い出していただきながら、ゆっくり読み進めてくださいね。

3章で、0歳から6歳という乳幼児期は、〝感じる脳〟である大脳辺縁系がめきめきと発達する時期とお話しました。〝考える脳〟の大脳と違い、この〝感じる脳〟である大脳辺縁系は、五感（視覚・聴覚・嗅覚・味覚・触覚）を通して体験することがぐんぐん発達に結びつくという脳です。ですから、子どもたちが日々の生活の中で体験することすべてが学習ということになりますよね。乳幼児期の生活は、何でも〝遊び〟であり、子どもたちは〝遊び〟を通して成長していくということですね。

いいかえると、乳幼児期というのは、〝遊び〟というさまざまな体験を通して子ども自身が自ら学習する〝体験学習時代〟といっても過言ではありません。

その体験が豊かであるほど、「十分遊んで楽しかった」という充実感があるほど子どもの脳は活性化して、めきめきと発達していくというわけです。

それでは、〝遊び〟という観点から見た、0歳、1歳、2歳、3歳の乳幼児期の子どもの姿、そして親としてのかかわり方について、年齢に沿ってお話していきましょう。

まずは、0歳時代です。

ママやパパ、身近な大人からたくさん抱っこしてもらったり、〝自ら育つ〟欲求を泣いて知らせ、おっぱいやミルクをもらったり、寝るときにトントンしてもらったり、オムツを替えてもらったりなどのお世話をしてもらう0歳時代は、いうなれば、身近な大人から抱かれ、たっぷり安心感をもらう「依存の時代」ということができるでしょう。

生まれてすぐからママやパパにたくさんあやしてもらいながらベッドでねんねの6カ月くらいの時代は、吊し玩具を見る、音楽を聞く、おしゃぶりを握る、指をしゃぶるなどすべてが〝遊び〟です。そして、すくすく成長した0歳の赤ちゃんの特徴的な遊び＝体験学習は、生後8カ月ごろからめざましくなります。

離乳食が始まって10カ月くらいになると、赤ちゃんは、ママのいうことを聞かず、お茶碗に入ったスープに手をつっこんだり、お皿をテーブルにぶつけて音を出したり、いわゆる〝遊び食べ〟が始まりますよね。

この時期、「うちの子、もしかしてもうイヤイヤ期がきてしまったのかしら……」などと困惑するママも多いようですが、この時期の子どもの遊び食べは、ママを困らせるためにしているのではなく、

「これはなんだろう」

「これを口に入れてみよう」

など、食べ物や、「食事をする」ということについて、自分なりにいろいろ試しているだけなのです。

当たり前ですが、この時期の子どもには、「食事の時間だから、お行儀よくきちんと食べよう」という認識はありません。「食べ物を口に入れると、おなかがいっぱいになってきて、心地よくなる」という体験を重ねていきながら、手づかみしたり、食器に指を入れて食べたり、食べ物や食器で遊んだりしているのです。

そうです。これが体験学習なのです。

この時期は手先も少しずつ器用になってきますので、111ｐでもお話したように、ママは、子どもにこぼされないようにとママの思い通りに食べさせるのではなく、食べ物をつかみやすいようにパンなどをスティック状にするなどして、子どもが手づかみしながら自分で食べられる工夫をしてあげましょう。

できることが増え始め、「これはなんだろう」「これを口に入れると、どうなるんだろう」と好奇心いっぱいの子どもの思いを認め、遊び食べは大目に見ながら、むしろ「自分で食べられたね」「上手！　上手！」など、その都度、声をかけて食事の楽しさを味わわせてあげることが大切です。

子どもの「やりたい！」という思いを認めてあげながら日々を心地よく過ごすことによって、子どもはますます意欲がめばえ、感性が育っていくことでしょう。

そして、1歳時代。

2章で、1歳時代は「Wantの時代」とお話しましたが、よちよちあんよもできるようになって家中のものを引っぱり出したり落としたり、なんでもさわってみるなどの探索行動がさかんになります。1歳時代はまさに「いたずらの時代」ということができるでしょう。

この時期の子どもに見られる代表的な行動が、テッシュペーパーの箱からテッシュをすべて取り出してしまったり、意味もなく家中の引き出しを開け閉めしたり……ではないでしょうか。

親から見たら、いたずらにしか見えないこのような行動ですが、このときの子どもの集中力たるや、すごいものですよね。

実はね、子どもが集中して何かをしているときというのは、何かを懸命に学習していると思った方がいいですよ。

子どものこのような行動を目にしたときは、「だめだめ！　やめなさい！」などとしからないことです。

使い終わったテッシュペーパーの箱にハンカチを何枚も重ねて入れて、子どもが自由に抜き取れるようにしたり、飲み終わった牛乳パックを何個か組み合わせて子どもがいつでも遊べる手づくり引き出しをつくってあげたりして遊ばせる……など、子どもが今「してみたい！」と思ったことが体験できるような工夫をして楽しませてほしいのです。

また、この時期は、自分が「やりたい！」と思ったことが思い通りにいかなくて急に泣いたり、何でも「自分で～」と、大人に手を押さえられることをいやがったりしたりと、自分の意志をはっきり表現するようになります。

さらに、言葉が少しずつ出始めますが、まだ自分の意志を言葉で相手に伝えることができないために、かんしゃくを起こすことも出てくる時期です。

ママやパパはわが子の言動にいらいらして、なんでいたずらばっかり……と、思い悩むことが多くなりますね。でも、あまりきりきりせず、この本を読んでくださったあなたなら、

「こんなにおもしろがって……。何を考えているの？　何を勉強しているの？」

くらいの、〝片目をつぶる〟余裕を持って、子どもを受け止めてあげましょう。

だって、順調に育っている証拠ですもの。〝だめだめ〟の禁止語をいかに少なく子どもと付き合うかが、この時期のポイントです。

大人にとってはいたずらにしか思えないこの時期の探索行動は、物の素材、材質、扱い方などを体得しているといえます。熱い、冷たい、つるつる、ザラザラなど全て体験して学んでいるのですもの。

また、この時期に大切なのが、食事です。

子どもは、1歳5、6カ月になると、食事のとき、食べ物をきちんと咀嚼《そしゃく》することができるようになります。しっかり「かみかみ、ごっくん」をすることにより、口のまわりの筋肉などが発達して、「まんま」から「ママ」といえるようになるなど言葉の発達にもつながる大切な時期です。

「早く食べなさい」などと急いで食べさせられると、子どもはあわてて食べ物を飲み込んでしまいます。その結果、噛《か》む力が十分に育たず言葉の発達に影響を与えることもあります。食事の時間をきちんととって、ゆったりとした雰囲気のなかで落ち着いてよく噛んで食事をする環境を整えてあげましょう。

余談になりますが、ママのなかには、「ごはん」のことを「まんま」、「自動車」のことを「ぶうぶう」など、いわゆる赤ちゃん言葉を子どもに使わせることをいやがる方がいらっしゃいます。でも、この時期の子どもは口のまわりの筋肉がまだじゅうぶん発達していないため、最初からいきなり「ごはん」「じどうしゃ」などというのは難しいものです。

子どもの発達から考えると、この時期の子どもは、「まんま」「ぶうぶう」「ワンワン」「にゃあにゃあ」などの二語重ねがいいやすい言葉なのです。はっきり話すことよりも、自分が発した片言でのママやパパとのやりとりの楽しさを味わうことのほうが重要です。

また、この時期、「うちの子はまだ話せないから」といって、ママやパパが、子どもにあまり話しかけないというのはおすすめできません。言葉というものは、まずは身近な人からたくさん話しかけられて吸収し、自ら言葉のやりとりがしたくなって習得するようになっていきます。

ママやパパは、お子さんがしゃべれる、しゃべれないにかかわらず、たっぷり話しかけてあげてくださいね。言葉でのコミュニケーションは、人類だけが獲得してきた大切な進化の証なのですから。

自分に自信を持ち、どんどん成長する2歳、3歳
2歳時代は「まねっこの時代」、3歳時代は「仲間の時代」

そして、2歳時代。

1歳時代には約50〜60語くらい発するとされる言葉が、2歳時代には250から300語くらいに増えて、どんどんお話するようになります。

食事の面では、まだこぼすこともありますが、スプーンを使ってひとりで上手に食事ができるようにもなります。歩き方もますますしっかりしてきて、駆け足やストップも自由自在。音楽に合わせて両足でぴょんぴょん飛んだり、みんなでリズムに合わせて体を動かすことも大好きになります。とにかくよく走ります。なぜこんなに走りたがるのでしょう。実は、この時期にたっぷり走ることによって体のバランスや使い方の基礎、敏捷性《びんしょう》を培っているのです。危険からとっさに身を躱《かわ》して自分を守る力の基礎づくりです。

体を自由に動かすことができるようになり、走って、走って、走り抜くことが大好きなこの時期の子どもに必要となってくるのが、体力たっぷりのパパの出番です。

パパは、積極的に時間をつくって子どもといっしょに公園や広場に出かけて追いかけっこをしたり、ジグザクで走ってみたりして、2歳児が大好きな〝走れ走れ体験〟をたくさんさせてあげましょう。

自我がめばえ、〝イヤだイヤだ〟行動もたくさん出てきますが、自分の力でできることが増え、体も心もどんどん成長する2歳時代は、「自分でやりきった」という満足感をどれだけ味わわせてあげられるかがとても大切になってきます。

着替えや靴の着脱など、身の回りのことをじっくりさせてあげるのも、そのひとつです。着替えの際は、子どもが自分で脱ぎ着できるようなものを選んで用意しましょう。

3章でもお話したように、シナプスが爆発的につながる2歳時代は、仲の良い友だちや身近な大人のまねをしたがる「まねっこの時代」ともいわれています。

この時期の子どもの代表的な「まねっこ」といえば、大好きなママのまねですよね。

ママが掃除機をかけはじめるといっしょに掃除機を持ちたがったり、お花に水をやろうとじょうろを取り出すといっしょに水をあげたがったり……。自分と同じことをしたがる子どもの気持ちはうれしいですし、家事をしているときに、「ぼく（わたし）も〜」などと駆けよる子どもの様子はとてもかわいいもの。でも、一事が万事こんな調子だと、家事もなかなか進みませんよね。

こんな経験、ありませんか？

食事のあと、食べ終わった食器を片付け始めようとすると、まねっこ時代ですから子どももそれをまねしはじめますよね。食べ終わった食器を片付けるときって、大人はお皿のうえにお茶碗をのせたりなど、何枚か重ねて運びますよね。子どもはそんなママやパパの様子を見ているから、同じようにやろうとします。

「あ、だめよ！　食器をそんなにたくさん持ったら無理無理。落としたら割れちゃうよ。あぶないからやめて！」

ってママは一生懸命止めるけれど、

「自分で！」

「わたしがやる！」

の2歳さんはいったら聞かない。ママの制止をふりきって何枚も重ねたお皿を運びはじめます。

そして、案の定、ガチャーン。

「ほら、だからだめっていったでしょ！」

つい、この言葉が出てしまいます。でも、それをいってはだめなのです。その「だめ！」が、子どもの意欲の芽をつんでしまいますよ。

だって、子どもはまだ2歳なんですから。

「ママやパパは大人だから、お皿を何枚も重ねて運べるの。あなたにはまだ無理なのよ」

といっても、2歳の子どもには理解できません。何でも同じようにまねしてやってみて、満足するのが2歳児なのです。

それでは、こんなとき、どうしたらいいでしょう。

子どもが重ねたお皿を運ぼうとしたら、

「あっ、そうか。そうだ、ママもお皿1枚ずつ運ぶようにするから、いっしょに1枚ずつ持っていこう！」

といって、子どもといっしょに1枚ずつ運んでみてください。

そうです。

この時期の子どもには、子どもが「やりたい！」という気持ちがどこにあるのかをまずは読み取り、それを受け止め、そのときの子どもができる範囲で体験させてあげることが、とても大切なのです。

自分は何でもできるようになった！　という子どものエネルギーが全身からあふれ出てくるこの時期だからこそ、子どもがやりたいことをうまくさせてあげて、体験できる機会をつくってあげましょう。それを繰り返していくことで、「もっとやってみたい！」「次はこうしてみよう」という意欲や自信をさらに育み、そして「これはまずかった！」や「うまくやりたい」の判断をも育んでいくことができるのです。


そして3歳時代。

子どもは3歳になると、ひとりでおしっこができるようになったり、パジャマや衣服の脱ぎ着が少しずつできるようになったり、食事のときにこぼすことも少なくなってお箸で食事ができるようになる……など、できることがどんどん増えていきます。

「自分以外の人と上手にかかわりながら遊ぶ」などといった社会性も少しずつ育っていく3歳時代は「仲間の時代」といわれ、気の合った2～3人の友だちと遊ぶようになります。ママやパパと遊ぶことから徐々に、友だちと遊ぶ楽しさをおぼえ、「今日は◯◯ちゃんと遊びたい」など、親に伝えてくるようにもなります。

ときには使いたいオモチャの取り合いになったりすることもありますが、順番や交替がわかるようになるのも3歳児の大きな特徴で、いわれればオモチャを友だちに貸してあげたり、待っていられるようになります。

ただし、3歳になったら、誰もがこのようにお友だちとかかわれるようになるわけではありません。0歳から2歳までの、依存の時代―いたずらの時代―まねっこの時代に、親子でしっかり愛着の絆を結ぶことができ、子どもは「自分と他人は違う」ということ、『自分がやりたいことは、友だちも同じようにやりたいものだ』ということを理解する」ということなど、成長に沿ったすこやかな心の発達があるからこその、「仲間の時代」なのです。まずは大人との信頼関係が基盤になって、船がドックを出るように、同年齢の子どもの社会での交流を広げていくのです。

心身の発達と脳の発達、ともに個人差がよくわかるようになる3歳時代ですが、発達の様子は子どもによってさまざまです。ママやパパは、他の子と比べず、まずはわが子の気持ちをしっかり受け止め、日々の発達をあたたかく見守ってあげましょう。

この時期の子どもの大好きな遊び＝体験学習といえば、お砂遊びです。

お砂遊び。

乳幼児期の子どもにとって、あれほど素敵な遊び＝体験学習はないと思います。

かわいた状態のお砂をぎゅっと握るとさらさらこぼれたり、少し水を足すとかたまったり、でも水を足し過ぎるとどろどろになってしまったり……。

子どもはこのお砂遊びに集中し、泥の性質や水の性質を自ら体験しながら、感じながら、心地よさ、面白さ、扱い方などを学習しながら興味、関心を高めていきます。この興味や関心が高まることこそが、その子の将来の知的学習の基礎づくりになっていきます。

この時期の子どもには、子ども自身が興味を持った遊びをたっぷりとさせてあげましょう。それを積み重ねることで、

「面白い！」

「わくわくする！」

「もっとやってみよう！」

という豊かな感性を育むことにつながっていくのです。

感性と知性は車の両輪です
たくさん遊んで育まれた豊かな感性は、豊かな知性をも育む

これまでお話ししてきたように、０歳から３歳にかけて、たくさん、そして思いっきり、遊びという体験学習を積み重ねてきた子は４歳、５歳になると、これまでしてきた遊びをますます発展させ、道具や用具を使った遊びが増えていきます。

先ほどお話したお砂遊びを例にとってみましょう。

３歳までにたくさんお砂遊びをしてその楽しさを全身で味わってきた子は、４歳～５歳くらいになると、今度は砂場でお友達といっしょに、スコップやバケツなどを使ってお山づくりを始めるようになります。

皆で力を合わせて大きなお山が作れるようになったら、今度は、

「こんなに大きな山になった。トンネルできるかもしれない。トンネル掘ろうよ。ケン君はむこうから手で掘ってきて」

……と、遊びをどんどん発展させていきます。

トンネル掘りに失敗してお山がバシャーンとくずれたら、
「ああ、ダメだった。どうしてだろう」
「そうだ。お山を泥団子みたいに硬くすればいいんじゃない」
などといって、友だちと力を合わせて今度はパンパンたたいて山を硬くし始めます。
このときの子どもたちは、自らの興味と関心をどんどん高め、ものすごい集中力で穴を掘っていきます。

この、「集中力が高まる」というのは、何を示していると思いますか？

そうです。学習力です。

乳幼児期にたくさんの遊びで育んだ集中力が、小学校に上がってから座学で学ぶ知的学習の大切な力につながっていくのです。

「小1プロブレム」という言葉、聞いたことありますか？

小学校に入学したばかりの小学校1年生が、集団行動がとれない、授業中座っていられない、先生の話を聞かない……などと学校生活になじめない状態が続くことをいい、社会的問題としても大きく取り上げられています。

「最近の子はどうしてこんなに集中力が落ちたのだろう」というのが、今の小学校の先生方の悩みの種だとよく聞きます。なかには、「かつての1年生はこんなふうではなかった」とおっしゃる先生もいるそうですよ。

その原因として、少子化、核家族化、インターネットをはじめとするさまざまな情報化により、以前と比べてテレビやゲームなど、子どもがひとり遊びする傾向が増え、外で思い切り遊ぶ経験が減ってきているということが上げられています。

また、保護者が教育熱心なあまりに早期教育に走り過ぎているということも、小1プロブレムの原因の一つとして考えられているそうです。

だって、そうですよね。小さいうちから子どもにたくさんの習い事をさせていたら、どうなると思いますか？

子どもが公園などで楽しく集中して遊んでいるときに、

「英語のお教室に行く時間がきたから、おしまいよ」

とやめさせることは、子どもの興味や関心というものをあまり視野に入れずに子どもの遊び＝体験学習の時間を大人が勝手にちぎってしまうことになりますよね。子どもにとってそれが面白いはずがありませんし、集中力を養うチャンスも失ってしまいます。

今、あなたの目の前で夢中に遊んでいる子どもは、全身全霊をかけて何かを学習しているのです。

ママやパパは、自分たちの都合で遊びを切り上げさせるのではなく、

「こんな道具があると、もっと楽しく遊べるね」

「ママ、これ持ってきたけど、使う？」

などと、子どもがもっと集中して遊べるように刺激してあげましょう。すると子どもは「それ、ちょうだい」などと言って、工夫しながら次の遊びに広げていくことができます。

その結果として、「自分の力で楽しく遊ぶことができた」と実感し、満足感が高くなるわけです。

このような満足感を抱くこと、そして自分のしたいことが十分できたという経験が、これまでお話してきた脳の働きと考え合わせていうと、やる気ホルモン、元気ホルモンであるドーパミンがたくさん出ることにつながるわけですね。

自分で工夫して楽しみ、思う存分遊びきったとき、まわりの大人から、

「やったね！」

「すごいのができたね！」

などとほめてもらった子どもは、ドーパミンがたくさん出るんですって。

そして、ドーパミンが出れば出るほど、

「自分はやったぜ！」

「できたんだ！」

という自負心がすごく高まり、自己肯定感も培うことになります。このような豊かな経験の積み重ねが、

「どんなものにでもチャレンジしてみよう」

という力につながっていくのです。


乳幼児期、自分が興味を持った遊びを周囲の大人に見守られながら、ときにはもっと楽しく遊べるヒントをもらいながら、とことん楽しむことによって、子どもは豊かな感性を育むことができます。

豊かな感性を持つということは、豊かな知性を持つということにつながります。

豊かな感性と豊かな知性というのは、いわば、車の両輪です。

感性だけ豊かで知性が豊かではない車、その反対に、知性だけ豊かで感性が豊かでない車では、バランスがくずれて、まっすぐ前に進んでいくことができませんよね。

豊かな感性と豊かな知性を兼ね備えてはじめて、まっすぐな、人としての成長の道へとつながるのだと思います。

親やまわりの人からたっぷり愛されてすくすく育ち、豊かな感性と豊かな知性を兼ね備えて成長した5歳児というのは、すごいですよ。

保育園時代の印象的な体験談をお話しします。

ハンディキャップを持った子どもも含む5歳児クラスの子たちが、対人関係の基礎がしっかりできてきた秋、保育園の運動会に向けて紅白リレーをやろうと練習を重ねているときに、

「(ハンディキャップを持った)タケちゃんがいるチームはどうしても勝てない。だからだめだよ(不公平だよ)」

という抗議の声が出たのです。

そのとき、ひとりの男の子が言いました。

「先生！（ハンディキャップを持った）タケちゃん一生懸命走っているよ。でも、タケちゃんは走るのが上手じゃないから半周だけ走るようにして、そこでバトンをいちばん速いトシ君に渡してトシ君が1周半走ってあげようよ」

といったのです。

その子の意見にみんなが一瞬静かになり、そして賛成して練習が再開されました。すばらしいアイディアだと思いました。友だちといっしょにいることの楽しさや面白さを体験し、はずされることの寂しさが共感できる子どもたちだから、大人もびっくりするような素敵な提案になったのですね。

乳幼児期に親や身近な大人からたっぷり愛され、安心感をもらいながら愛着の絆をしっかり結び、たくさんの遊びを通して豊かな感性と豊かな知性を育む……。これにより、子どもはセルフコントロールする力や自己肯定感が育ち、このような共感や同情の気持ちも育まれていき、そしてそれが、やさしく自信のある行動につながっていくのです。

パパはどのように子どもとかかわればいいの？

生まれたばかりの赤ちゃんは機嫌がいいときにパパにお世話をお願いしよう

本書も少しずつ終わりに近づいてきました。

ここでは、地域のパパママ講座でもよく質問が出る、「パパと育児」についてお話したいと思います。

家族のために、毎日お仕事をがんばっているあなたのおうちのパパさん。

どのように育児に参加していますか？

お子さんと、どのようにかかわっていますか？

当たり前のことですが、育児は、ママだけの仕事ではありません。だからこそ、毎日育児をがんばっているママとパパ、両方に聞いてほしいことがあるのです。

いちばん大切なのは、ママとパパが「わが子がどんな子に育ってほしいか」ということについてのお互いの思いを共有することです。できれば、ママの妊娠中からこのことを話題にしてほしいと思います。もちろん、仕事で忙しくて妊娠中にじっくり話すことができなかったママとパパは、お子さんが生まれてからでもじゅうぶん間に合います。ただし、お子さんがなるべく小さいうちに話し合うようにしましょうね。

そして、待ちに待って、やっと出会えた赤ちゃん。

でも、いざ赤ちゃんが生まれてくると、多くのパパは多かれ少なかれ、こう思うようです。

「こんなにふにゃふにゃしている赤ちゃんのお世話が、自分にできるのだろうか」

「僕が抱いても、あまり機嫌がよくならない」

って。

赤ちゃんというのは、お母さんのおなかの中で育ってきているから、生まれてきたばかりの時期というのは「ママと一心同体でいる」と思って間違いありません。

それを証明するかのごとく、生まれたばかりの赤ちゃんが泣いたとき、パパがだっこしても泣き止まないけれど、ママがだっこするとピタッと泣き止みますよね。

当たり前なんですね。何回もいいますが、赤ちゃんは、これまでずっとママのおなかの中で育ってきたのですから。おなかの中でママの声と心臓の音を聞いて育ち、生まれてからも日に何回もママのにおいをかいでいるのですもの。それに、ママは、赤ちゃんの命をつなぐおっぱいを持っているのですから。

この時期の多くのパパが、自分がどうがんばって赤ちゃんの世話をしても泣き止まないと、パパとしての自信がゆらいでしまうものです。

そんなとき、ママは、どのようにパパに対応してあげればよいと思いますか？

答えは……。

赤ちゃんが生まれてからしばらくは、ママは、赤ちゃんの機嫌がいいときを見計らって、

「パパ、ちょっと抱っこね」

って、お願いすればよいのです。

間違っても、赤ちゃんが泣いているときに、

「パパ、どうにかして〜」

と、助けを求めないようにしましょう。パパに助けを求めても、十中八九、赤ちゃんは泣き続けるだけですし、助けを求めたママもよけいイライラするだけです。

赤ちゃんが生まれたばかりのころは、ママは、赤ちゃんにとっていちばん必要な存在な

のです。「今はこういう時期なのだ」というスタンスで、パパには赤ちゃんの機嫌がいいときにお世話をしてもらうようにしましょう。

そのとき、忘れてはいけないことがあります。

そうです。「ありがとう」の言葉をかけることです。パパだけでなく赤ちゃんにも、

「パパにだっこしてもらってよかったね〜」

と、パパに近づいて必ず赤ちゃんに話しかけてあげましょう。

それから少しずつ、お風呂に入れてあげる、おむつを替える……など、パパに、赤ちゃんとふれ合う時間やお世話をお願いしていけばいいのです。

そうしていくうちに、赤ちゃんもだんだんパパに慣れ、パパのことを好きになっていくものです。

パパを見て笑う赤ちゃん、パパが抱っこすると喜ぶ赤ちゃんの姿は、ママもとてもうれしいですよね。夫婦で味わう幸せな気持ちは、赤ちゃんにも必ず伝わります。子どものいる幸せを、ママとパパで味わいましょう。そして、子育ての楽しさを、パパとぞんぶんに分ち合いましょう。そして、子どもといっしょにたくさん遊びましょう。

小さいころ、ママはもちろんパパとたくさん遊んだ経験は、子どもの脳裏にいつまでも

焼き付くはずです。

私たちは、毎日たくさんの人とかかわりながら生きています。
たくさんの人とかかわるのに必要な力とは何だと思いますか?
そうです。コミュニケーションの力です。
コミュニケーションの方法は、言葉だけではないのです。

●言葉
●声の変化
●身ぶり
●表情の表し方
●肌と肌のふれ合い

これらみんなで、コミュニケーションしているのです。

ママやパパは言葉、声、身ぶり、表情、肌と肌のふれ合い……この5つをフル活用して
お子さんとふれ合って愛着の絆を深めてほしいと思います。

人とのかかわりは、人とのかかわりからしか学ぶことができません。つけ加えれば、言葉の獲得も人とのかかわりからしか学ぶことができません。自己存在感・自己肯定感も、人とのかかわりからしか獲得できないのです。

お子さんと過ごす今を大切に、脳の発達に応じて、豊かなコミュニケーション力をじっくり育んでいきましょう。

３章でもお話したように、私たちには鏡脳神経があります。自分がイライラしていると相手もイライラします。逆に、自分が幸せな気持ちになれば、相手も幸せな気持ちになります。

長い人生において、つらいことや苦しいこともときにはあるかと思いますが、ママとパパ、お互いに感謝の気持ちを忘れず、夢をいだいて子育てを楽しんでほしいと心から願います。

あとがき

毎日、たくさんの新しい本が誕生しています。そんな中、こうして本書を手に取ってくださったあなたに感謝しています。

育児に奮闘しているママやパパ、現役の保育士さんたち、そして子どもを支えるすべての皆さんに、私が今まで保育のプロとして培ってきたことをバトンタッチしたいという思いから、本書を書きました。万全とはいかないまでも、私の今の思いはなんとかお伝えできたのではないかと、書き上げた今、少しほっとしています。

育児に悩むママやパパたちが、子どもの育ちの筋道を知って、少し先が見えてきたり、「これでいいんだ」と安心できたり……。本書を読んでいただくことによって、少しでもそのような役割を果たすことができたら、うれしく思います。

多くの方々のお蔭でこの本を出すことができました。

中でも、本を出版することについて最終的に私の背中を押してくれたのは、本書でもほんの少し登場し、3児の父親でもある息子からの、

「お母さん、孫たちのためにも本を出してください」

という言葉でした。

そのお蔭で本書ができました。

この場を借りて、息子にお礼を言いたいと思います。

ありがとう。


キラキラの瞳、小さなお手てがとてもかわいい子どもたちも、いずれは日[illegible]未来を担っていくことになります。

子どもは社会の宝物です。

ひとりでも多くのママやパパ、子どもを支えるすべての人[illegible]子育ての素晴らしさを感じてもらうと同時に、[illegible]う楽しさ、共に成[illegible]ていく醍醐味を味わってもらえたら、うれしく思

これからも、すべての子どもたち、そして私の子どもたちや孫たちが、

「生まれてきてよかった！」

といえる社会になることを願い、すこやかで幸せな人生を歩んでいくことを心から望んでやみません。

二〇一四年十二月吉日

佐藤佳代子

著者プロフィール

佐藤 佳代子（さとう かよこ）

「子どもの文化学校」講師、子育ち子育てコーディネーター。東京都立高等保母学院卒業後、大田区立保育園に27年間勤務。うち16年間は園長として勤務し、1200人以上の園児とその保護者と関わる。その後、区役所管理職として11年間勤務。退職後は、宝仙学園短期大学保育学科、淑徳幼児教育専門学校などで教鞭をとる。保育のプロとしての長年の経験から保育と家族、地域社会と保育の大切さを実感し、現在は、子どもの文化学校で保育者のスキルアップのための講師をつとめながら、各地で育児や親子関係をテーマに子どもへの愛情あふれる講演や講義を行っている。自身も２児の母親であり、孫も５人。

子どもの育ちと脳の発達

2015年５月15日　初版第１刷発行
2021年10月15日　初版第６刷発行

著　者　佐藤 佳代子
発行者　瓜谷 綱延
発行所　株式会社文芸社
〒160-0022　東京都新宿区新宿１－10－１
電話　03-5369-3060（代表）
03-5369-2299（販売）

印刷所　株式会社フクイン

ISBN978-4-286-16024-5